A CONSTRUÇÃO DE UM ARTIGO CIENTÍFICO

passo a passo

Maria Célia Borges

A CONSTRUÇÃO DE UM ARTIGO CIENTÍFICO

passo a passo

EDITORA
IDEIAS&
LETRAS

1ª impressão

Editora Ideias & Letras

Avenida São Gabriel, 495
Conjunto 42 - 4º andar
Jardim Paulista – São Paulo/SP
Cep: 01435-001
Televendas: 0800 777 6004
Editorial: (11) 3862-4831
vendas@ideiaseletras.com.br
www.ideiaseletras.com.br

Dados Internacionais de Catalogação na Publicação (CIP)
(Câmara Brasileira do Livro, SP, Brasil)

B732c Borges, Maria Célia

A construção de um artigo científico: passo a passo / Maria Célia Borges.
São Paulo : Ideias & Letras, 2023.

160 p. : il. ; 16cm x 23cm.

ISBN 978-65-87295-60-2

1. Artigo científico. 2. Tese. 3. ABNT. 4. Metodologia. I. Título.

2023-2661 CDD 001.42
CDU 001-81

Elaborado por Odilio Hilario Moreira Junior - CRB-8/9949

Índices para catálogo sistemático:

1. Metodologia de pesquisa 001.42
2. Metodologia de pesquisa 001.81

Agradeço carinhosamente a todos os meus alunos e alunas, por terem me incentivado a estudar e escrever, contribuindo com minha história e meu crescimento profissional.

Agradeço especialmente ao Prof. Dr. Claudenir Modolo Alves, pela confiança e incentivo de sempre.

Dedico este livro aos meus filhos Bruno e Lucas e aos meus netos Matteo e Lucía, expressões do puro, eterno e incondicional amor.

Querem que vos ensine o modo de chegar à ciência verdadeira? Aquilo que se sabe, saber que se sabe; aquilo que não se sabe, saber que não se sabe; na verdade é este o saber.

Confúcio

LISTA DE QUADROS

LISTA DE ABREVIATURAS E SIGLAS

ABNT – Associação Brasileira de Normas Técnicas

BDTD – Biblioteca Digital Brasileira de Teses e Dissertações

BNCC – Base Nacional Comum Curricular

CAPES – Coordenação de Aperfeiçoamento de Pessoal de Nível Superior

CEP – Comitê de Ética em Pesquisa

CONEP – Comissão Nacional de Ética em Pesquisa

CNPq – Conselho Nacional de Desenvolvimento Científico e Tecnológico

CNS – Conselho Nacional de Saúde

DOI – Digital Object Identifier

GPT – Generative pre-trained transformer

IA – Inteligência artificial

IBGE – Instituto Brasileiro de Geografia e Estatística

ISBN – International Standard Book Number

ISSN – International Standard Serial Number

MEC – Ministério da Educação e Cultura

NBR – Norma Brasileira Regulamentadora

SciELO – Biblioteca online eletrônica de ciências

TCC – Trabalho de Conclusão de Curso

TCLE – Termo de Consentimento Livre e Esclarecido

PUC – Pontifícia Universidade Católica

UFTM – Universidade Federal do Triângulo Mineiro

UFU – Universidade Federal de Uberlândia

USP – Universidade de São Paulo

Uniube – Universidade de Uberaba

ATIVIDADES

SUMÁRIO

INTRODUÇÃO

> – A verdade é que ainda não sei se realmente serei capaz de escrever bem.
> – Bom, isso é como nós, artesãos. Não espere perfeição no começo.
>
> *Sussurros do Coração* (filme)

A presente obra tem como objetivo geral subsidiar e ensinar estudantes de graduação e pós-graduação *lato sensu*[1] e *stricto sensu*[2] a construírem, paulatinamente, um artigo científico bem fundamentado e dentro dos cânones científicos, orientado pelas normas da Associação Brasileira de Normas Técnicas (ABNT)[3] e pelas exigências de revistas acadêmicas bem qualificadas (Qualis A1 a A4),[4] que contam com a avaliação de um corpo editorial. Todavia, adverte-se que a

---

1 *Lato sensu* ou sentido amplo refere-se a cursos de especialização voltados ao mercado de trabalho. Esse tipo de curso, comumente, tem duração mínima de 360 horas.

2 *Stricto sensu* significa "sentido estrito". Refere-se aos cursos de pós-graduação focados em áreas mais específicas do meio acadêmico. É opção para continuar na vida acadêmica, seja lecionando ou desenvolvendo pesquisas (Mestrado e Doutorado).

3 A Associação Brasileira de Normas Técnicas (ABNT) é o Foro Nacional de Normalização. As Normas Brasileiras, cujo conteúdo é de responsabilidade dos Comitês Brasileiros (ABNT/CB), dos Organismos de Normalização Setorial (ABNT/ONS) e das Comissões de Estudo Especiais (ABNT/CEE), são elaboradas por Comissões de Estudo (CE), formadas pelas partes interessadas no tema e no objeto da normalização (ABNT, NBR 6022).

4 Na nova metodologia de avaliação do Qualis Periódico, as revistas são classificadas em conceitos que vão de A1 (mais alto) a A4, e B1 a B4, o que as define como revistas de boa qualidade científica.

pretensão não é dar uma "receita" de como escrever artigos, mas indicar os caminhos do processo que é minucioso e exige dedicação.

Para alcançar tal propósito, elencou-se os seguintes objetivos específicos, que vão nortear a estrutura a ser apresentada nesta obra:

Quadro 1 – Objetivos específicos

nº	Objetivos Específicos
01	apresentar os objetivos da obra e sua relevância;
02	discutir a importância de o autor escolher algo que seja de seu interesse, refletindo sobre a origem do problema e o prazer de conhecer e construir alguma coisa inspiradora;
03	apresentar uma discussão sobre a importância e a contribuição social do artigo científico, bem como se preparar para a produção escrita de um, na busca por entendimento acerca de seu conceito e significado;
04	inteirar-se sobre as normas da Associação Brasileira de Normas Técnicas (ABNT) e sobre as exigências das revistas bem qualificadas, relacionadas à estrutura, elementos essenciais, avaliação, revisão e aprovação do texto;
05	orientar a construção dos principais elementos de um artigo científico, a saber: título, resumo, introdução, método, discussão do problema, e resultados;
06	informar-se sobre as exigências do Comitê de Ética em Pesquisa (CEP), no caso da pesquisa que envolve seres humanos;
07	apresentar modelos de artigos científicos, destacando o significado da divulgação de um relatório de pesquisa científica;
08	projetar a importância da agregação das publicações científicas no Currículo Lattes para a carreira de todos os pesquisadores;

09	atualizar-se sobre o uso das novas tecnologias, compreendendo o funcionamento da publicação de artigos científicos e do Comitê Editorial em relação a elas.

Com os objetivos explicitados, entende-se que o presente livro intenciona trazer como contribuição a possibilidade de subsidiar os(as) estudantes de graduação e pós-graduação, dando-lhes encorajamento para a construção de artigos científicos de maior qualidade.

Sabe-se da dificuldade vivenciada por estudantes e pesquisadores(as) na hora da escrita de textos científicos. Mais difícil ainda é conseguir a aprovação desses textos, aqui denominados *artigos*, em revistas bem qualificadas – ou seja, aquelas que apresentam normas claras para os autores/colaboradores. Essas revistas contam com uma comissão editorial para a avaliação da qualidade dos artigos. Devido ao trabalho sério, cumprindo vários quesitos que são exigência da Coordenação de Aperfeiçoamento de Pessoal de Nível Superior (CAPES), elas possuem avaliação no Qualis, como A1, A2, A3, A4, e B1, B2... assim sucessivamente.

Rememora-se Pablo Neruda, que disse: "Escrever é fácil. Você começa com uma letra maiúscula e termina com um ponto final. No meio você coloca ideias".[5] Essa afirmação de Neruda pode ter vários sentidos. Dentre as várias interpretações, está a de que pode parecer fácil escrever um texto longo, denso, bonito e cheio de ilustrações. Mas escrever de

5 CAVERSAN, Luiz. "Máximas sobre o ato de escrever". *Folha Online*, 2006. Disponível em: <https://www1.folha.uol.com.br/folha/pensata/luizcaversan/ult513u383438.shtml>.

forma objetiva e clara, seguindo cânones científicos e técnicos, pode ser uma tarefa bem desafiadora para a maioria das pessoas. Por isso, é preciso estudar e praticar. Insistir em fazer, refazer e aperfeiçoar. Todos(as) podem aprender!

Diante das dificuldades encontradas, não se deve esmorecer. Algumas vezes pode-se ter o artigo reprovado em algumas revistas. Pode-se também ter uma aprovação parcial e ter que redimensionar o texto, aperfeiçoá-lo. Não desanimem, e insistam! Uma casa não é construída em um só dia... E escrever bem, dentro dos cânones científicos, exige um processo de aprendizado e de aperfeiçoamento constante.

O texto científico ou o artigo tem que ter objetivos claros e um problema anunciados. O ideal é que seja a comunicação dos resultados de uma investigação, que pode ser qualitativa ou quantitativa. Portanto, o artigo é um relatório anunciando os resultados de uma pesquisa. A fundamentação teórica, com rigor científico, tem que se basear no diálogo com autores e pesquisadores da área de estudo. O arcabouço teórico afasta o risco intencionista do conhecimento vulgar ou do senso comum. Apresenta-se, assim, os pressupostos conceituais com a significação sistêmica do processo investigativo, numa construção sistemática de conhecimentos com referências epistemológicas consistentes, que enriquecem e valorizam o trabalho (Severino, 2016 *apud* Dalberio e Dalberio, 2016).

Outro aspecto de suma importância é a estratégia didático-metodológica para a redação do texto científico. As normas da ABNT têm que ser conhecidas e utilizadas; da mesma forma, as orientações e normas das revistas qualificadas para os autores. Normalmente, as revistas apresentam em seus sites ou endereços online as "diretrizes para os autores", que devem ser acolhidas inteiramente caso se deseje a aprovação do artigo para publicação.

"Meu filho, lauda em branco aceita tudo" (Casanova).[6] Então, o desafio aqui é escrever com rigor científico, com fidedignidade, com ética e endereço.

Desse modo, acredita-se na relevância desta obra, que objetiva subsidiar e tirar dúvidas sobre a construção de um artigo científico, facilitando a vida de estudantes e pesquisadores. Assim, esta obra pretende trazer perguntas consideradas pertinentes para quem deseja aprender a escrever um bom artigo científico. Dentre essas perguntas, elenca-se:

Quadro 2 – Questões sobre como escrever um bom artigo científico

nº	**Questões sobre como escrever um bom artigo científico**
01	O que é um artigo científico?
02	Como escrever um artigo científico de qualidade?
03	O que as normas da ABNT indicam para a produção escrita de um artigo?
04	Como atender adequadamente às "diretrizes para os autores", apresentadas por revistas qualificadas pela Coordenação de Aperfeiçoamento de Pessoal de Nível Superior (CAPES) – o Qualis/CAPES?
05	Quais elementos são imprescindíveis no corpo de um texto científico?

6 CAVERSAN, Luiz. "Máximas sobre o ato de escrever". *Folha Online,* 2006. Disponível em: <https://www1.folha.uol.com.br/folha/pensata/luizcaversan/ult513u383438.shtml>.

06	Qual é a relação de um artigo com o desenvolvimento de uma investigação científica?
07	A metodologia utilizada, as técnicas, bem como o contexto e os sujeitos participantes devem ser mencionados no trabalho?
08	Quais são os princípios éticos de uma divulgação científica?

Vê-se que escrever um artigo científico exige conhecimentos teóricos e práticos. É preciso também conhecer as normas da ABNT – ou APA7, se estiver na Europa, ou conforme as orientações de revistas internacionais –, ser cuidadoso(a) e se valer da paciência para atender às minuciosas exigências dos periódicos.

Para que este livro se apresente de forma didática e possa chamar a atenção dos leitores, adota-se aqui a "metodologia da pergunta", que consiste em ir fazendo perguntas e procurar respondê-las seguidamente.

As dúvidas levantadas no quadro acima, além de outras ideias e questões relevantes, são apresentadas ao longo desta obra com o intuito de trazer subsídios valorosos para o desenvolvimento de uma produção que seja coesa, objetiva e orientada pelos conhecimentos científicos.

A figura abaixo explicita a metodologia utilizada na construção deste livro:

Esta obra apresenta uma linguagem acessível, gostosa de ler, ilustrada e curiosa, valendo-se da metodologia de perguntas que logo são respondidas, enriquecidas com exemplos e atividades desafiadoras. Para te preparar para a escrita de um artigo científico, aborda-se neste livro: a preparação antes do início da escrita, na busca por subsidiá-la; os elementos essenciais na construção do texto; a estrutura e a composição de cada elemento; e as normas técnicas do Comitê de Ética em Pesquisa, dos periódicos e das revistas. Tudo está ilustrado com exemplos e modelos. O intuito foi te subsidiar para que a sua escrita flua com boa qualidade e serenidade, na certeza de que isso te trará aprendizados e crescimento.

Como já explicitado, a estrutura deste livro está alinhada aos objetivos específicos e, desse modo, conta com esta introdução e sete capítulos. Na introdução, apresenta-se os objetivos da obra e sua relevância.

No primeiro capítulo, discute-se a importância da escolha do autor por um tema que seja de seu interesse, refletindo sobre a origem do problema e o prazer de conhecer e construir alguma coisa inspiradora.

O segundo capítulo traz a preocupação com o preparo para a escrita do artigo, buscando subsídios sobre o seu conceito, a sua importância e a sua contribuição social.

No terceiro capítulo, destaca-se a importância das normas da Associação Brasileira de Normas Técnicas (ABNT) e das exigências das revistas bem qualificadas, relacionadas à estrutura, elementos essenciais, avaliação, revisão e aprovação do texto.

No quarto capítulo, elenca-se os principais elementos de um artigo científico – título, resumo, introdução, método, discussão do problema, e resultados –, fundamentando-se sobre cada parte.

O quinto capítulo, como ilustração, agrega modelos de artigos científicos, destacando o significado da divulgação de um relatório de pesquisa científica.

O sexto capítulo explicita a importância da agregação das publicações científicas ao Currículo Lattes, e a relevância disso para a carreira de todos os pesquisadores, desde os iniciantes até os mais experientes, como forma de abrir portas para o mercado de trabalho. São tratadas também as questões éticas da pesquisa e do(a) pesquisador(a).

O sétimo capítulo destaca a relevância de nos atualizarmos quanto ao uso das novas tecnologias, compreendendo o funcionamento da publicação de artigos científicos (impressos e online) e do Comitê Editorial em relação a elas.

Finalmente, apresenta-se as referências, elencando todas as fontes bibliográficas e documentais que foram consultadas para a fundamentação teórica na construção desta obra.

Desejo-lhes uma leitura atenta, ou melhor, um estudo cuidadoso, deste trabalho que foi elaborado com todo cuidado e carinho no intuito de subsidiar o seu processo de aprendizagem – e de ensino – para um estudo individual ou coletivo. Leia e estude com fruição, na busca por colher os melhores frutos.

A autora.

1. O TEMA OU O ASSUNTO EM INVESTIGAÇÃO

A leitura traz ao homem plenitude; o discurso, segurança; e a escrita, precisão.

Francis Bacon

O objetivo deste capítulo é discutir a importância de o autor escolher um tema ou um assunto que seja de seu interesse, refletindo sobre a origem do problema e o prazer de conhecer e construir alguma coisa inspiradora, que o incite a buscar mais conhecimentos sobre o tema escolhido.

O livro de Dalberio e Dalberio (2016) conceitua tema e assunto de formas diferentes. Citando Ferreira (1986, p. 1659), entende-se por *tema* a ideia geral sobre um fenômeno de pesquisa, "uma proposição que vai ser tratada ou demonstrada". Ademais, dentro desse "tema" ou dessa "ideia", há uma infinidade de outros aspectos a serem considerados, que merecem atenção e investigação, os quais são denominados *assuntos*. Desse modo, tema e assunto se distinguem pela amplitude e pelo alcance das ideias que neles estão inseridas. Então, o tema é mais amplo e o assunto é mais específico. Por exemplo: dentro do tema da "Educação" está o assunto da "Educação Infantil".

Destarte, para o(a) pesquisador(a), é importante decidir o tema que é a sua área de estudo ou a ideia a ser investigada, e, a partir daí, delimitar o assunto, que destaca uma ideia mais específica.

O assunto é parte do tema, será escolhido depois da escolha deste, e deve atender às necessidades teóricas e/ou práticas do(a) pesquisador(a). Com isso, o assunto é o olhar de quem pesquisa voltado para um foco mais específico, dentro da complexidade do tema. O assunto é importante em função dos resultados esperados da pesquisa – pois, se os elementos do *projeto de pesquisa* são bem elaborados, apresentando uma boa interação entre si, os resultados dela tendem a ter maior qualidade e fidedignidade.

Faz-se uma pausa para explicar o que é um projeto de pesquisa.

O projeto de pesquisa é o plano da pesquisa, o resultado de um planejamento minucioso sobre o que pesquisar, e a consequência de muitas perguntas. O que pesquisar? Para que pesquisar? Como pesquisar? Com quais recursos? Em que contexto? Quais são os participantes? Quais resultados eu espero alcançar? Depois das indagações, pesquisas, reflexões e tomadas de decisão, coloca-se no papel o projeto de pesquisa.

Em outras palavras, o projeto de pesquisa é a sistematização das intenções do que se deseja pesquisar, é o primeiro passo de uma pesquisa, e cumpre um papel fundamental na produção do conhecimento científico (Dalberio e Dalberio, 2016).

O planejamento que antecede a construção do projeto de pesquisa exige muitas leituras, pesquisas, reflexões e tomadas de decisão.

Em outras palavras, o projeto de pesquisa é a sistematização das intenções do que se deseja pesquisar, é o primeiro passo de uma pesquisa, e cumpre um papel fundamental na produção do conhecimento científico (Dalberio e Dalberio, 2016).

Na teoria de Paulo Freire, os seres humanos são compreendidos como seres que produzem e são produzidos em sua própria história. São ao mesmo tempo sujeitos e objetos, vivendo social, cultural e historicamente "como seres fazedores de seu 'caminho' que, ao fazê-lo, se expõem ou se entregam ao 'caminho' que estão fazendo e que assim os refaz também" (Freire, 2016, p. 135). É por isso que os humanos têm projetos e transformam sua realidade.

De volta à questão sobre o tema, em resumo, este é mais amplo, está relacionado a uma área de estudo. Já o assunto é uma delimitação, portanto, é um ramo ou seção advinda dessa grande área de estudo.

Comumente, a escolha do assunto a ser investigado é realizada com base na formação acadêmica do(a) pesquisador(a). Por exemplo, os pedagogos vão pesquisar algo dentro do tema da "Educação", afunilando um assunto, como a "avaliação educacional" e, mais especificamente, "a avaliação educacional numa escola de ensino básico".

Destarte, o tema e o assunto a serem selecionados pelo investigador normalmente se referem a algo com que ele já está envolvido. E pesquisar algo que já se conhece, mas que deseja conhecer mais, garante maior segurança e é mais instigante, com uma grande valorização da tarefa de pesquisa. Assim, é preciso fazer aquilo que gosta, que te mobiliza, que te desperta o interesse, e que te move.

1.1 A origem do problema investigado

Ao se tomar as decisões sobre o tema e o assunto a serem investigados, é preciso pensar no problema de pesquisa, que deve ser elaborado a partir de uma pergunta. Todavia, essa pergunta deve ser complexa a ponto de necessitar de uma pesquisa para respondê-la. Assim, o problema, quando bem elaborado, possibilita justamente a investigação metódica e sistemática para a sua resolução. Para as perguntas simples, as respostas já estão prontas e não carecem de investigação.

O problema de pesquisa não deve ser visto como um obstáculo, no sentido negativo. Pelo contrário, deve ser visto como algo positivo, que mobiliza, que desperta curiosidade e que nos impulsiona a ir em busca de respostas.

Se tenho dúvidas, curiosidades sobre um fenômeno, devo buscar conhecê-lo melhor.

Nesse prisma, em se tratando da pesquisa científica, o "problema" precisa ser entendido como algo que vai ajudar o(a) pesquisador(a) a ter uma visão mais ampla daquilo que ele ou ela se dispõe a investigar, e isso por meio de resultados que são os "frutos" colhidos, que garantem maior visibilidade a um tema científico do mundo acadêmico.

Com isso, essa tarefa jamais poderá ser encarada como um fardo, mas sim como uma oportunidade de crescimento.

O fenômeno pode ser um fato, um acontecimento, uma teoria, um caso, um evento, uma experiência... mas, para facilitar o seu entendimento, aqui vamos assumi-lo como o objeto a ser investigado. Então, aqui o fenômeno é o objeto de estudo que precisa ser desvendado ou desvelado.

Na busca por uma maior compreensão do problema de pesquisa, recorre-se a Gil (2006, p. 49-50):

> [...] na acepção científica, problema é qualquer questão não resolvida e que é objeto de discussão, em qualquer domínio do conhecimento [...] pode-se dizer que um problema é testável cientificamente quando envolve variáveis que podem ser observadas ou manipuladas. As proposições que se seguem podem ser tidas como testáveis: Em que medida a escolaridade determina a preferência político-partidária? A desnutrição determina o rebaixamento intelectual? Técnicas de dinâmica de grupo facilitam a interação entre os alunos? Todos estes problemas envolvem variáveis suscetíveis de observação ou de manipulação. É perfeitamente possível, por exemplo, verificar a preferência político-partidária de determinado grupo, bem como o seu nível de escolaridade, para depois determinar em que medida essas variáveis estão relacionadas.

Nota-se que o problema tem uma complexidade, conforme os exemplos dados, que merece uma investigação sistematizada para se chegar à sua resposta.

O problema de pesquisa deve ser elaborado a partir de um interesse seu em conhecer mais sobre determinado assunto. Esse interesse pode nascer ou ter origem em estudos anteriores, como pesquisas e leituras; ou pode nascer de uma experiência profissional, sempre embasada em teorias científicas. Se você tem uma vivência ou uma experiência de estudo ou trabalho que te mobiliza a buscar mais conhecimentos sobre dado tema e assunto, isso tornará todo o processo de pesquisa muito mais interessante.

Nesse sentido, Pimenta (2005), em seu texto sobre a formação de professores, sugere que os problemas de pesquisas sobre educação deveriam nascer do próprio contexto da sala de aula, de problemas reais, pois assim tais pesquisas teriam mais utilidade e serviriam, de fato, para interferir nas realidades escolares e aperfeiçoar a prática docente.

Neste livro, você encontrará mais subsídios e exemplos de objetivos e problemas de pesquisa no quarto capítulo, à frente.

1.2 O interesse pelo tema estudado

O interesse autêntico pelo tema a ser investigado conduzirá à busca por caminhos metodológicos adequados para a resolução do problema de pesquisa.

O que me mobiliza a estudar esse tema e esse assunto?

O interesse é o que vai te acrescentar algo e, portanto, o que te trará uma vantagem, que se poderá considerar útil, enriquecedora ou relevante. Priorizar interesses significa priorizar aquilo que mais te interessa, e que te é mais vantajoso, enriquecedor e prazeroso, dependendo da perspectiva escolhida. Quando está relacionado ao tema e ao assunto referentes ao seu objeto de estudo, o interesse deve ser aquilo que mais lhe acrescenta, aquilo que o torna mais rico em conhecimentos e experiências.

Sobre o que eu vou gostar de conhecer mais?

1.3 A importância do tema para os pesquisadores e para a Ciência

Se o(a) pesquisador(a) gosta e tem curiosidade sobre o tema investigado, terá um sentimento de envolvimento com este. A curiosidade te mobilizará a buscar mais informações, mais teorias e mais práticas sobre o objeto de estudo.

Desse modo, o investigador deve selecionar um tema e um assunto que sejam de seu interesse e de seu gosto técnico e literário, pois isso o mobilizará a ler bastante sobre tal assunto, por um bom período. Ele fará leituras direcionadas ao tema, assim como fará uma coleta de informações, além de consultas a documentos ou a pesquisas empíricas. E tudo isso deve ser um processo prazeroso, para que se possa tirar o máximo de proveito, levando a conhecimentos teóricos ou práticos, que são os resultados da pesquisa.

O projeto de pesquisa deve informar, também, a relevância de se investigar o tema/assunto apontado em sua proposta. A relevância da investigação está na qualidade dos resultados esperados, colocando-se em pauta qual será a contribuição para a área de pesquisa, o que será esclarecido com ela, e o que será proveitoso nas informações obtidas e reunidas para mudar ou redimensionar os espaços e os contextos investigados. Desse modo, deve-se considerar a repercussão e a profundidade dos resultados da pesquisa para o contexto investigado e para os participantes da investigação.

Se o problema de pesquisa é interessante, despertando tanto curiosidade quanto prazer em desenvolver o processo de investigação, tal processo se encaminha para a realização de uma pesquisa com relevância para a ciência, e que trará uma contribuição, uma vez que apresentará uma função social.

1.4 O prazer de pesquisar e conhecer algo instigante e estimulador

No livro *Sem tesão não há solução* (1987), Roberto Freire questiona aquilo que mais nos atiça, e fala da beleza, da alegria e do impulso que nos leva a fazer algo bem-feito. A discussão sobre tesão chega também ao meio acadêmico, na defesa de que este pode nos impulsionar a produzir conhecimento com entusiasmo e alegria. Nas palavras do autor, o ato criador pode ser o grande tesão de cada dia, como fazem os poetas e os amantes, criadores sinceros ou tradutores do inconsciente coletivo. Portanto, é preciso ter "tesão" para ler, estudar e aprender.

Destarte, desvelar um conhecimento novo é a habilidade mágica de explicitar os mistérios do cosmos, e pode ser tão excitante quanto um encontro amoroso. O tesão individual singular é a única arma que temos para lutar contra tentativas de dependência e contra as limitações socioculturais. Com tesão vamos produzir algo ímpar e melhor.

Para Roberto Freire, a beleza é o referencial predileto para dar sentido à vida, e pode ser o equilíbrio dinâmico entre as percepções da existência, uma vez que o prazer e a dor, que oscilam dialeticamente, proporcionam o tesão essencial. Então, a pesquisa e a construção de novos conhecimentos geram a dor – trabalho, persistência, cansaço –, mas também trazem o prazer e a alegria de se alcançar um objetivo e de se descobrir algo novo.

Quando se tem um projeto de vida e um objetivo claro de aonde se quer chegar, não se mede esforços para a concretização desse objetivo. E o que poderia ser um fardo torna-se algo prazeroso de se fazer, uma realização pessoal.

Severino (2002) fala sobre a importância da disciplina do estudo para se tirar o melhor proveito possível dele. "Pressupõe um mínimo de organização da vida de estudos, mas, em compensação, torna-se sempre mais produtiva"

(p. 30). Com a organização do tempo, o aproveitamento dos estudos cresce. Além disso, o autor assevera: "Feito o levantamento do tempo disponível, predetermina-se um horário para o estudo em casa. E uma vez estabelecido o horário, é necessário começar sem muitos rodeios e cumpri-lo rigorosamente, mantendo um ritmo de estudo" (p. 30). Assim, estudar com objetivos claros, disciplina, prazer e afinco será produtivo e prazeroso.

O filósofo Confúcio disse: "Escolha um trabalho que você ama e você nunca terá que trabalhar um dia sequer na vida". Pois o trabalho, com prazer, é fruição, é alegria. Quando se escolhe explorar uma temática que se ama, encontra-se, simultaneamente, motivação e prazer em executar as atividades propostas.

É preciso aprender a pesquisar e a escrever, pesquisando e escrevendo com prazer e alegria.

A realização da leitura também pode virar um hábito e, ainda, pode ser um momento de lazer. Caso se comece a ler e caso se descubra os benefícios da leitura, ela pode se tornar aos poucos uma necessidade e, consequentemente, um prazer.

"Escrever é deixar uma marca. É impor ao papel em branco um sinal permanente, é capturar um instante em forma de palavra" (Margaret Atwood). Por meio da leitura, pode-se viajar pelo mundo e conhecer muito mais do que as sete maravilhas. Experimente!

2. A LINGUAGEM DO ARTIGO CIENTÍFICO EM QUESTÃO

O que é mais difícil não é escrever muito; é dizer tudo, escrevendo pouco.

Júlio Dantas

Para Paulo Freire (1987), ler e escrever significam também libertar-se. Coloca-se, então, a leitura e a escrita como práticas de liberdade, pois as palavras escritas são objeto do pensamento e da vida. A oralidade faz parte das culturas, e a escrita e a leitura são um distintivo de poder. "Escrever é um ato de liberdade" (Martin Amis).

O objetivo deste capítulo é apresentar uma discussão sobre a importância e a contribuição social do artigo científico, e mostrar como se preparar para a produção escrita do artigo, o seu conceito e significado, na busca pelo entendimento sobre os tipos de linguagem e de textos que devem ser utilizados.

No mundo acadêmico, muitas vezes encontramos pessoas que escrevem muito, além da conta, apresentando um texto sem rumo, desnorteado, sem forma, como uma "colcha de retalhos". E, desse modo, elas dificilmente conseguem a aprovação de seus textos nas revistas ou periódicos que têm um comitê editorial sério e rigoroso. Se você apresenta as características de uma escrita confusa e sem forma, não se desespere. É possível aprender e aperfeiçoar a sua escrita. Exige-se disciplina, persistência e esforço. E, ainda, atenção às normas técnicas.

A ABNT traz o termo "periódico técnico e/ou científico" em referência à publicação periódica técnica e/ou científica. Por sua vez, esta pode designar uma publicação em qualquer tipo de suporte, editada em unidades sucessivas, com designações numéricas e/ou cronológicas, e destinada a ser continuada indefinidamente. Não se deve confundi-la com outros conceitos, como "coleção" ou "série editorial" (NBR 6022, 2018).

Escrever, como já vimos na introdução desta obra, não é uma tarefa fácil. Exige muita leitura e treino. É preciso ensaiar, experienciar a escrita, ter uma "paciência histórica" para fazer, refazer, revisar, aperfeiçoar e aprimorar...

Na escrita, pode-se usar a linguagem conotativa ou denotativa. Vamos entender melhor sobre esses dois tipos de linguagem (Amaral, 2005).

A linguagem com sentido conotativo não corresponde ao seu significado literal. É quando, por exemplo, diz-se que alguém está "armado até os dentes", "morto de cansaço", ou ainda: "José comeu bola na prova de física". Sabe-se que, efetivamente, a pessoa não tem armas até nos dentes; nem faleceu de fato; e nem comeu uma bola de verdade na prova. São formas de dizer algo de maneira ilustrativa. Então, a linguagem conotativa é utilizada no sentido figurado. Ou seja, as palavras e expressões ganham novo significado em contextos particulares. Assim, o uso figurado é também um uso metafórico ou subjetivo da linguagem, que proporciona interpretações abstratas que vão além do sentido real das palavras e das definições que aparecem nos dicionários.

Por outro lado, a linguagem no sentido denotativo se refere ao uso de uma palavra ou de uma expressão em seu sentido literal. Por exemplo: "José não estudou e, por isso, foi mal na prova de física". O sentido denotativo é objetivo e não deixa margem para outros entendimentos além daquele apresentado. É uma forma de linguagem mais concreta e que tem maior precisão. Desse modo, é a linguagem denotativa que é utilizada nos textos científicos. Faz-se necessário se aperfeiçoar nessa forma específica de escrita.

Ademais, deve-se ter em mente que há pelo menos sete tipos de textos, a saber: o texto narrativo, o descritivo, o dissertativo-argumentativo, o injuntivo, o explicativo, o preditivo, e o científico. Os gêneros textuais se referem a romances, poemas, contos, cartas, relatórios, e-mails, teses, verbetes, dentre outros. Eles são compostos por tipos textuais diversos. Para as diferentes situações na vida, nos diferentes contextos, utiliza-se textos diferentes como ferramentas de comunicação.

O texto narrativo esboça fatos, acontecimentos e ações de personagens num determinado tempo e espaço ou contexto delimitado. Normalmente, é escrito em prosa. Esse tipo de texto apresenta uma estrutura diferente de outras tipologias, devido à sua característica principal de relatar e narrar.

O texto descritivo traz com detalhes as características de um lugar, objeto, pessoa, situação ou animal. Ele objetiva transmitir observações, impressões e sensações, usando muitos substantivos e adjetivos. Descreve todos os aspectos de algo observado.

Como eu vou aprender a escrever bem, dentro das normas técnicas?

O texto dissertativo-argumentativo é aquele que defende um ponto de vista por meio de argumentos, em alguns casos elaborando propostas de solução. Nesse tipo de texto, o autor disserta sobre algum tema – discorre sobre o assunto – e argumenta a favor de um ponto de vista – defende uma posição ou firma um posicionamento.

O texto injuntivo tem o objetivo de instruir, informar, auxiliar, aconselhar e recomendar. Ele indica os caminhos a serem percorridos, as ações – passo a passo – que devem ser realizadas até o aconselhamento de como proceder.

O texto explicativo é um gênero textual que conduz à compreensão de um problema da ordem do saber. Assim, a partir do problema apresentado, um sujeito comunica ao seu interlocutor a solução, alternando a sua percepção anterior.

O texto preditivo usa discursos que servem para revelar uma previsão, dar uma informação sobre o futuro, como antecipar os eventos que deverão ocorrer, segundo aquele que anuncia. É um gênero que abarca textos como previsões do tempo, horóscopo, profecias, e mesmo alguns provérbios, como: "Água mole em pedra dura tanto bate até que fura".

Que tipo de texto e de linguagem eu utilizo na produção escrita do artigo científico?

A linguagem científica é aquela objetiva e clara. Trata-se de um tipo de texto expositivo e argumentativo mais elaborado. É utilizado em comunicações científicas e produzido mediante pesquisas, aprofundamentos teóricos e resultados de investigações sobre determinado tema previamente escolhido. Então, entre os tipos de texto apresentados acima, o dissertativo-argumentativo, com linguagem denotativa, é o que mais se aproxima do texto científico, devendo ser utilizado no artigo (Amaral, 2005).

2.1 O que é um texto e um artigo científico?

O texto científico pode ser apresentado de diversas formas: como um trabalho de conclusão de curso (TCC), uma dissertação, uma tese, ou um artigo científico. Todas essas formas se referem a uma monografia, o que significa um estudo profundo e sistematizado sobre um tema e um assunto bem delimitados, algo estruturado e apresentado num relatório de pesquisa.

O TCC é normalmente exigido como trabalho de conclusão de curso de graduação ou de pós-graduação *lato sensu*. Ele é uma exigência para a etapa final do currículo de grande parte dos cursos de nível superior. Escrevê-lo exige bastante dedicação, aprofundamento e estudo da parte de quem está se formando em um curso de graduação ou mesmo de pós-graduação em nível de especialização. Deve ser construído dentro dos cânones científicos, respeitando as normas técnicas. Contudo, não se exige que seja um trabalho original ou inédito. Comumente passa pela avaliação de uma banca, formada por dois ou três professores da própria instituição.

Já a dissertação é um trabalho de pesquisa cuja solicitação se dá nos cursos de mestrado, de nível *stricto sensu*.

Assim, a exigência na pesquisa, no rigor metodológico e na qualidade do trabalho é mais rigorosa. O objetivo do trabalho culmina com a obtenção do grau acadêmico de mestre – ou seja, o(a) pesquisador(a) recebe o título do mestrado. Os projetos de dissertação também não precisam abordar necessariamente temas e/ou métodos inéditos. Todavia, a exigência é maior do que a apresentada para o TCC. Na conclusão do trabalho, passa-se por uma banca de três professores, sendo dois da própria instituição de ensino e um de uma instituição de fora, para garantir a seriedade da avaliação.

A tese já é uma exigência do curso de doutorado, em nível *stricto sensu*. Exige-se mais rigor científico, metodologia mais apurada, e ineditismo. Uma tese de boa qualidade – ou de excelência – destaca-se pelo teor das suas referências, nacionais ou estrangeiras, na construção do referencial teórico. A quantidade de referências é maior, e é preciso dialogar bem com os autores para fazer inferências. No final da pesquisa, deve-se trazer uma contribuição relevante, ou seja, uma nova tese. A defesa da tese, que é um relatório de pesquisa construído dentro dos cânones científicos, passa pelo exame de uma banca composta por cinco pesquisadores, sendo três deles da própria instituição e dois de instituições de fora, para garantir o rigor e a seriedade da avaliação do trabalho. Normalmente, as defesas duram um período de três a cinco horas e, algumas vezes, até mais do que isso.

Todas essas modalidades de monografia exigem uma apresentação dentro das normas da ABNT, e uma escrita dentro dos padrões da norma culta, com exigências diferentes quanto ao rigor científico para cada caso.

Quadro 3 – Modalidades de trabalhos de relatórios de pesquisa

Modalidades de trabalhos de relatórios de pesquisa	
MONOGRAFIA	Trabalho de conclusão de curso (TCC)
	Dissertação (Mestrado)
	Tese (Doutorado)

De cada um desses relatórios de pesquisa, pode-se produzir um ou vários artigos científicos. É preciso ter *expertise* para produzir um trabalho final assim que terminar o curso, antes que os "achados" fiquem ultrapassados e as novas pesquisas o superem, dentro de um tempo que depende da área de formação.

Vale relembrar que o artigo científico pode ser entendido como um texto objetivo, orientado por normas técnicas e com rigor na linguagem concreta e denotativa, pois comunica os resultados de uma pesquisa científica. Então, ele pode ser a comunicação ou a socialização dos resultados da pesquisa. Assim, ele discute ou apresenta um problema científico específico de uma determinada área de estudo.

Então, se eu não fizer uma pesquisa científica, eu não posso escrever um artigo?

Não há ensino sem pesquisa e nem pesquisa sem ensino, segundo Freire (1996). Por isso, é preciso *pesquisar* o que ainda não se conhece, e, ao conhecer, tem-se o dever de anunciar a novidade.

É evidente que um bom artigo, para ser aprovado em revistas bem qualificadas, deve ser fruto de um trabalho de pesquisa, ter objetivos claros, metodologia e instrumentos de coleta de dados, além de resultados que possam ser explicitados e socializados.

Reafirma-se que o texto de um artigo científico precisa comunicar os resultados de uma pesquisa científica – cuja origem partiu de um problema de determinada área de estudo, e cujos resultados obtidos devem ser válidos e fidedignos, apresentando uma discussão com certa originalidade.

Todavia, pode-se escrever um texto como apenas consequente da pesquisa bibliográfica, que é uma revisão de literatura, dialogando com vários autores sobre um tema bem delimitado. Mesmo assim, também se exige rigor e forma para esta produção escrita, pois ainda se quer comunicar algo que seja interessante, bem escrito, e subordinado às normas impostas pelas revistas para que seja aprovado. Dalberio e Dalberio (2016, p. 123) asseveram:

> Os artigos científicos são o resultado de estudos completos de um dado objeto de pesquisa. Algumas vezes constituem-se apenas de pesquisas bibliográficas, com consultas e exploração de várias obras.

> Nesse trabalho, o pesquisador compara suas teorias e com elas elabora um novo texto, trazendo uma crítica e, certamente, uma contribuição teórica nova. Nesse sentido, segundo Marcantonio *et al*. (1973, p. 71), o artigo não chega a se constituir em matéria de dissertações, teses ou livros. As sínteses, resultados de pesquisas realizadas, podem ser publicadas em revistas ou periódicos especializados.

Portanto, um artigo científico tem como objetivo a divulgação dos resultados de pesquisas, de estudos e de descobertas científicas. A sua publicação e divulgação procuram oferecer informações científicas e conhecimento ao público interessado, sempre direcionado a uma área de especialização, com o intuito de apresentar ideias novas e abordagens que complementam e se somam aos estudos já realizados (Dalberio e Dalberio, 2016).

2.2. As características, a função e a relevância do artigo científico

Como já foi colocado neste livro, o artigo científico exige rigorosidade, como dizia Paulo Freire. É preciso usar a linguagem denotativa, científica, objetiva e clara. Precisa apresentar um encadeamento lógico de ideias, devendo usar a terminologia adequada da área investigada, contudo, sem apresentar uma linguagem muito complexa, rebuscada, cheia de termos técnicos incompreensíveis para a maioria das pessoas.

Há exigência e rigor na escrita do artigo. Mas o educador Paulo Freire (1996) traz encorajamento, dizendo que *ensinar exige rigorosidade metódica,* na medida em que é preciso reforçar no estudante a sua capacidade crítica, sua curiosidade e sua insubmissão, além do rigor metódico com que deve aproximar-se dos objetos cognoscíveis. E, ainda, ele diz que *ensinar exige pesquisa,* no sentido da busca contínua, da indagação, da rebusca, da constatação e da intervenção. Dessa forma, aprender é mais desafiador e mais prazeroso.

2.3 O preparo para a construção do artigo

Para a escrita de um artigo científico, deve-se utilizar a linguagem científica e observar as normas da ABNT. Se quem escreve/pesquisa tem a pretensão de publicar um texto, deve se informar bem sobre a estrutura exigida para o artigo, as normas e orientações para os autores, da revista ou periódico ao qual o texto será submetido para avaliação.

Ademais, é muito importante buscar subsídios sobre o tema ou assunto a ser tratado. É preciso realizar muitas leituras, não só lendo, mas também *estudando* vários textos. Para isso, é importante fazer anotações, resumos e fichamentos que ajudarão na hora da produção escrita. Pois: "Quem não lê não escreve" (Wander Soares).[1]

---

1 CAVERSAN, Luiz. "Máximas sobre o ato de escrever". *Folha Online,* 2006. Disponível em: <https://www1.folha.uol.com.br/folha/pensata/luizcaversan/ult513u383438.shtml>.

Em seguida, é preciso fazer o planejamento de como será o texto, qual a sua estrutura. É preciso verificar se todos os pontos a serem tratados já foram estudados ou se é preciso realizar mais leituras e fichamentos.

Barros e Lehfeld (2007) trazem em seu livro, *Fundamentos da Metodologia Científica*, dicas para o estudo em casa e para aproveitar melhor procedimentos de estudo, como: seminário, resumo, resenha, sinóptico, esquema e, ainda, a técnica de sublinhar. Em especial, a "técnica de estudar sublinhando, através da análise de textos, é importante para o estudante (explicações e reforço de suas mensagens)" (p. 30).

Severino (2002), com esse mesmo objetivo de orientar os estudos, propõe "A documentação como método de estudo pessoal" e as "Diretrizes para a leitura, análise e interpretação de textos" como dois subcapítulos do seu livro, *Metodologia do Trabalho Científico*. Tais subcapítulos apresentam ótimas orientações para o estudo. Por exemplo, a *leitura analítica* é um método que facilita o estudo de textos, pois tem como objetivos:

> 1. favorecer a compreensão global do significado do texto;
>
> 2. treinar para a compreensão e interpretação crítica dos textos;
>
> 3. auxiliar no desenvolvimento do raciocínio lógico;

> 4. fornecer instrumentos para o trabalho intelectual desenvolvido nos seminários, no estudo dirigido, no estudo pessoal e em grupo, na confecção de resumos, resenhas, relatórios etc. (Severino, 2002, p. 59).

Abaixo coloca-se um quadro-resumo, em forma de esquema, das "Diretrizes para a leitura, análise e interpretação de textos", trazidas por Severino (2002):

Quadro 4 – Processos básicos

<table>
<tr><th colspan="3">Processos básicos</th></tr>
<tr><th>nº</th><th>Leitura Analítica</th><th>Passos</th></tr>
<tr><td>01</td><td>Análise textual</td><td>Preparação para o texto
Visão de conjunto
Busca por esclarecimento
Vocabulário
Doutrinas
Fatos
Autores
Esquematização do texto</td></tr>
<tr><td>02</td><td>Análise temática</td><td>Compreensão da mensagem do autor
Tema
Problema
Tese
Raciocínio
Ideias secundárias</td></tr>
<tr><td>03</td><td>Análise interpretativa</td><td>Interpretação da mensagem do autor
Situação filosófica e influências
Pressupostos
Associação de ideias
Crítica</td></tr>
</table>

04	Problematização	Levantamento e discussões de problemas relacionados com a mensagem do autor
05	Síntese pessoal	Reelaboração da mensagem com base na reflexão pessoal

Fonte: Severino (2002, p. 61).

A partir dessas diretrizes para a realização de leituras de textos científicos, pode-se facilitar o estudo com a garantia do alcance de muito mais compreensão e entendimento na leitura de textos complexos.

Dentro de uma visão diferente sobre a produção de um artigo, voltada para a pesquisa quantitativa, Pereira (2012) traz a seguinte contribuição:

> A providência inicial consiste em compor as tabelas e figuras, acompanhadas dos respectivos títulos e legendas. Em seguida, é redigido o texto correspondente. Alcançada a primeira versão aceitável dos resultados, passa-se ao preparo da seção de método. A discussão e a introdução, nessa ordem, são então escritas (p. 515).

O autor ainda considera que, se existe um projeto de pesquisa sobre um assunto, realizado pelo autor, certamente houve trabalho de pesquisa, estudo e reflexão, ou seja, a realização da revisão de literatura. Esse texto inicial, resultado do estudo, pode ser aperfeiçoado em um artigo para publicação.

Para a realização da pesquisa, antes do artigo, há outra busca importante, que é a compreensão da metodologia de pesquisa. É necessário conhecer os tipos ou delineamentos de pesquisa, os métodos e técnicas de coleta de dados, os procedimentos para a análise deles. Isso pois todas essas informações devem vir explicitadas no texto do artigo.

2.4 A estrutura do Artigo Científico – os elementos essenciais

Já está claro que, para escrever um artigo científico, deve-se utilizar a linguagem científica, as normas da ABNT, e seguir as "orientações para os autores" da revista ou do periódico a que se deseja submeter o artigo para avaliação.

Mas quais são os elementos de um artigo? Via de regra, os artigos apresentam a seguinte estrutura:

Quadro 5 – Sugestão de estrutura dos Artigos Científicos

Ordem	Sugestão de estrutura dos Artigos Científicos
A	- **introdução:** com os objetivos da pesquisa, a metodologia utilizada na investigação, e a estrutura do texto;
B	- **o desenvolvimento do texto:** o corpo do trabalho que vem com a discussão teórica (fundamentação), composta pelo diálogo com vários autores e por comentários e inferências;
C	- **conclusões e resultados:** o que traz o parecer final da discussão realizada;
D	- **as referências:** indicação dos autores com os quais dialogou-se e que foram citados. As referências devem ser completas e organizadas de acordo com as normas da ABNT.

Fonte: Dalberio e Dalberio (2016).

Mas por onde eu começo o artigo? Após os exemplos para a construção da estrutura de um, reporta-se a Spector (2001), que traz as orientações para a redação de um bom artigo científico:

Quadro 6 – Orientações para a construção de um artigo científico

nº	Orientações para a construção de um artigo científico
01	**Escolha de um periódico ou revista:** selecionar bem o periódico e se atentar que ele deve ser relacionado à sua área de conhecimento;
02	**Título:** deve descrever com precisão o conteúdo do artigo, mas ser objetivo, sucinto, com poucas palavras;
03	**Lista de palavras-chave:** elencar palavras relevantes, que não constem nem no título e nem no resumo (abstract);
04	**Resumo (abstract):** deve ser bem-feito, claro e objetivo, pois é por meio dele que os leitores decidirão se vale a pena ou não ler o artigo;
05	**Introdução:** tem a função de descrever os fundamentos do estudo e a literatura sobre o tema. A relevância do estudo e a organização da estrutura do texto também devem ser informadas;
06	**Métodos:** descreve-se o desenho do estudo, os métodos e técnicas, os instrumentos de coleta de dados, a técnica de análise de dados, o contexto e os participantes da pesquisa, os materiais e os recursos utilizados. Os métodos devem ser bem trabalhados e apresentados em ordem cronológica;
07	**Resultados:** apresenta-se os achados do estudo com clareza e precisão. Pode usar gráficos, tabelas e ilustrações para destacar os achados mais relevantes;
08	**Discussão:** discutir os resultados e compará-los aos achados prévios. Discutir também as implicações desses achados.

Fonte: texto reformulado, com base em Spector (2001).

A habilidade de escrever vai se aperfeiçoando à medida que nos desafiamos a escrever. O quarto capítulo será dedicado mais especificamente à estrutura do artigo, com explicações mais claras e ilustrações.

E cabe-nos informar que a *ilustração* é a "designação genérica de imagem, que ilustra ou elucida um texto" (NBR 2011, p. 3). Pode-se considerar como ilustrações os gráficos, diagramas, desenhos, fotografias, mapas, organogramas, fluxogramas, esquemas, figuras, imagens, plantas, quadros, tabelas, dentre outros – tudo que ilustra, explicita e complementa um texto. A diferença entre quadro e tabela é que o primeiro traz informações textuais e normalmente é fechado; já na tabela, os dados são numéricos e servem como informações centrais, e ela segue as orientações do Instituto Brasileiro de Geografia e Estatística (IBGE).

Para ater-se a todas as normas da ABNT na construção de um bom artigo científico, recomenda-se consultar:

Quadro 7 – Referências normativas para a construção de um bom artigo científico

nº	Fonte/orientação	Objetivo
01	ABNT NBR 6023	*Informação e documentação – Referências – Elaboração*
02	ABNT NBR 6024	*Informação e documentação – Numeração progressiva das seções de um documento – Apresentação*
03	ABNT NBR 6028	*Resumos – Procedimento*
04	ABNT NBR 10520	*Informação e documentação – Citações em documentos – Apresentação*
05	IBGE	*Normas de apresentação tabular*. 3. ed. Rio de Janeiro: IBGE, 1993.

Fonte: ABNT NBR 6022 (2018).

A ABNT NBR 6022 (p. 8, 2018) traz no esquema 1 os elementos estruturais de um artigo:

Quadro 8 – Os elementos estruturais de um artigo (ABNT)

01	Elementos pré-textuais	– Título no idioma do documento (obrigatório); – Título em outro idioma (opcional); – Autor (obrigatório); – Resumo no idioma do documento (obrigatório); – Resumo em outro idioma (opcional); – Datas de submissão e de aprovação do artigo (obrigatório); – Identificação e disponibilidade (opcional).
02	Elementos textuais	– Introdução (obrigatório); – Desenvolvimento (obrigatório); – Considerações finais (obrigatório).
03	Elementos finais	– Referências (obrigatório); – Glossário (opcional); – Apêndice (opcional); – Anexo (opcional); – Agradecimentos (opcional).
NOTA: A nomenclatura dos títulos dos elementos textuais fica a critério do autor.		

Fonte: texto adaptado da ABNT (2018).

Por conseguinte, apresenta-se no terceiro capítulo a observação das normas necessárias para a escrita do texto científico. Daí se vê que, antes da escrita, é preciso se preparar para ela, buscar subsídios e ficar bem fundamentado(a), ou seja, munir-se de informações.

3. OS CONHECIMENTOS DAS NORMAS PARA A PRODUÇÃO ESCRITA DO ARTIGO CIENTÍFICO

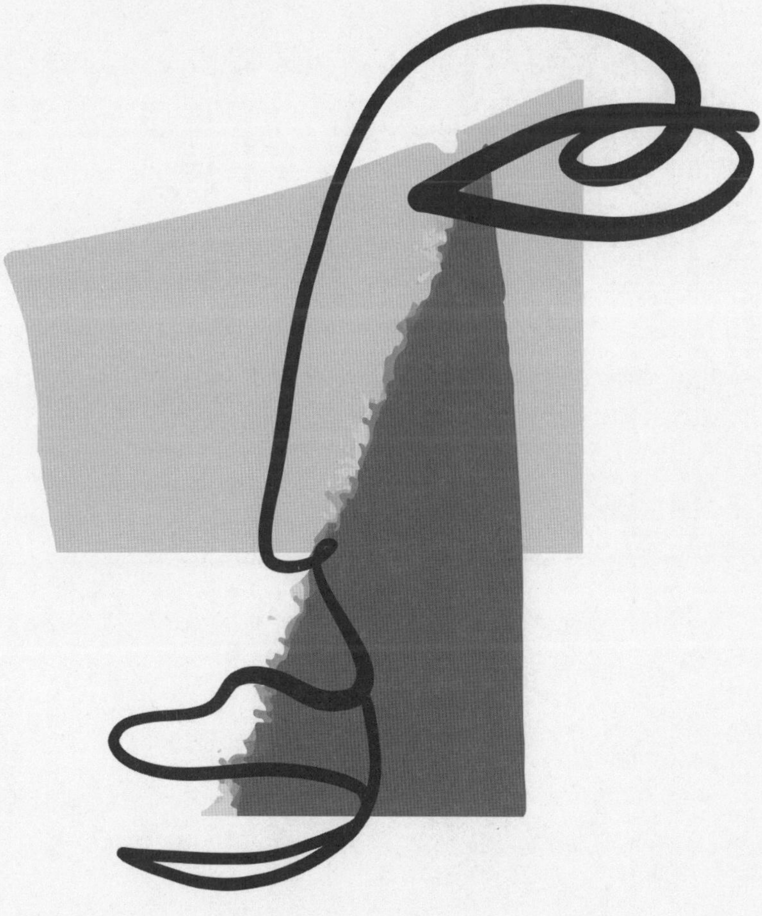

E no mar estava escrita uma cidade...

Carlos Drummond de Andrade

Este capítulo destaca a importância de se inteirar sobre as normas da Associação Brasileira de Normas Técnicas (ABNT) e sobre as exigências das revistas bem qualificadas, relacionadas à estrutura, elementos essenciais, avaliação, revisão e aprovação do texto. Vamos entender que o processo de escrever é desafiador, mas que o seu resultado – a escrita – é revelador e surpreendente!

Assinala-se aqui que, além das normas voltadas aos trabalhos acadêmicos, a ABNT editou a Norma Brasileira 6022/2003, que ainda está em vigor, estabelecendo regras de formatação para artigos científicos.

A Associação Brasileira de Normas Técnicas (ABNT) tem a função de estabelecer um padrão nacional na utilização da escrita acadêmica, o que é importante. Mas essas normas são amplas e parecem difíceis de entender. Alguns dizem que elas são muito enfadonhas. Mas, ao entender bem sua função e necessidade, começa-se a pensar diferente. Não é possível guardar todas as regras na mente e elas não são usadas em todas as publicações científicas. A sugestão é que você escreva, produza seu texto, sem preocupação, e que só depois vá adequando-o às normas da ABNT, consultando-as se tiver dúvidas.

O site da ABNT traz uma seção com várias perguntas e respostas interessantes. Consulte o site para ir se familiarizando com elas: www.abnt.org.br. Ademais, as bibliotecas de muitas universidades disponibilizam gratuitamente para seus alunos/as as normas técnicas, e, ainda, há bibliotecários(as) disponíveis para tirar suas dúvidas.

O uso dessas normas torna-se obrigatório uma vez que você redige algum documento, lei, decreto, portaria, artigo, dentre outros – quando elas são explicitadas em documentos do poder público.

Aquino (2010) chama a atenção para tais normas, dizendo: "Não tenha medo da ABNT, ela te ajuda, voluntariamente" (p. 9-10). O autor ainda adverte que o "formato técnico da escrita científica, com regras bem definidas, parece que fica escondido em prateleiras que só são apresentadas ao jovem quando ele entra na universidade, local em que tem que ler e escrever artigos científicos" (p. 10). Muitos estudantes ficam desesperados ao se depararem com esse desafio e veem a tarefa como muito difícil. Porém, é preciso ter calma e ir adiante, que essa impressão logo se dissipa. Aprende-se a fazer fazendo, aprende-se a escrever escrevendo, e o mesmo vale quanto a usar as normas da ABNT. Portanto, desafie-se! "Escrever não é fácil ou difícil, mas possível ou impossível" (Camilo José Cela).[1]

---

1 CAVERSAN, Luiz. "Máximas sobre o ato de escrever". *Folha Online*, 2006. Disponível em: <https://www1.folha.uol.com.br/folha/pensata/luizcaversan/ult513u383438.shtml>.

3.1 As normas da ABNT

Como eu vou utilizar as normas para a escrita do artigo? Abaixo transcrevemos as normas da ABNT que orientam a formatação do texto na produção de artigos científicos.

A ABNT define as notas de rodapé como indicações, observações ou aditamentos ao texto feitos pelo autor, tradutor ou editor, podendo também aparecer na margem esquerda ou direita da mancha gráfica. As notas explicativas são as notas usadas para comentários, esclarecimentos ou explanações que não possam ser incluídos no texto (NBR 10520, 2002, p. 2). A seguir, outras informações consideradas importantes com base na ABNT:

3.1.1 Fonte

Atenção às orientações:

- ao escolher uma fonte, use a mesma em todo o trabalho;
- Times New Roman, Calibri, Verdana, ou Arial;
- tamanho 12.

Exceções – usar tamanho menor nas seguintes situações:

- citações longas;
- notas de rodapé;
- paginação;
- legendas e fontes de figuras e tabelas;
- legendas e fontes de tabelas e/ou ilustrações;

- dados internacionais de catalogação na publicação (ficha catalográfica).

3.1.2 Distância entre as seções

Os títulos principais e secundários devem ficar separados do texto por uma linha em branco (um espaçamento de 1,5).

3.1.3 Paginação e Papel

Insira a paginação no canto superior direito, em algarismos arábicos, em fonte 10. A primeira página é contada mas não numerada. O papel deve ser A4 (21 cm x 29,7 cm), branco ou reciclado.

3.1.4 Alinhamento

- título do artigo: centralizado;
- nome(s) do(s) autor(es): alinhados à direita;
- títulos das seções: alinhados à esquerda;
- texto: justificado, abrindo os parágrafos com recuo de 1 Tab;
- bibliografia: alinhada à esquerda.

3.2 A formatação do texto dentro das normas

Colocadas as normas acima, passa-se para a busca por esclarecer as orientações da Base Nacional Comum Curricular (BNCC) sobre o artigo científico. As normas da ABNT, com orientações a respeito do artigo científico, trazem tópicos conforme os elencados acima, incluindo explicações sobre: o uso das margens, o espaçamento entrelinhas, a fonte, a distância entre as seções, a paginação, o papel, o alinhamento e o modelo.

3.2.1 Margem

A formatação das margens da folha deve ser de 3 cm à esquerda e superior, e de 2 cm à direita e inferior.

3.2.2 O espaçamento entrelinhas

O espaçamento entrelinhas é de 1,5 (um e meio). O exemplo abaixo é de uma citação indireta, o que significa que ela foi parafraseada, ou seja, interpretada pelo(a) autor(a) e comunicada com suas próprias palavras. É diferente de uma citação *ipsis litteris*, ou tal qual, que fica igual à fonte.

Quadro 9 – Citação indireta

As pesquisas podem ser classificadas de acordo com seus objetivos gerais. Comumente, são divididas em três grupos: exploratórias, descritivas e explicativas. As pesquisas descritivas têm como objetivo a descrição das características de determinada população ou fenômeno, ou então o estabelecimento de relações entre as variáveis. As técnicas mais utilizadas são a aplicação de questionário ou observação sistemática. Já as pesquisas descritivas ou exploratórias preocupam-se em aprofundar o conhecimento da realidade porque explicam a razão, o porquê das coisas. São utilizadas por pesquisadores preocupados com a atuação prática. Por isso, são mais solicitadas por organizações, tais como instituições educacionais, empresas comerciais e partidos políticos (Dalberio e Dalberio, 2016).

Fonte: Dalberio e Dalberio (2016).

A ABNT denomina *citação* como a "menção de uma informação extraída de outra fonte" (NBR 6022, p. 6). Ela informa, ainda, que as citações e notas devem ser conforme a ABNT NBR 10520. Notas de tabelas devem ser conforme as normas de apresentação tabular do IBGE (NBR 6022, p. 6).

É importante relembrar que, ao escolher uma fonte, deve-se usá-la no trabalho inteiro, de maneira padronizada. As fontes mais indicadas são: Times New Roman, Calibri, Verdana, ou Arial. No texto corrente, é indicada a fonte 12 para todo o trabalho, inclusive a capa. A ABNT orienta, como exceções, usar tamanho de fonte menor e uniforme para as citações longas (mais de três linhas) e para as notas de rodapé, dentre outros (conforme explicitado no tópico 3.1.1).

As normas da ABNT NBR 10520/2002 (Informação e documentação – Citações em documentos – Apresentação) orientam como se faz citações de diferentes formas.

Abaixo, um exemplo de citação curta. Observe que a citação é considerada curta quando ocupa até três linhas:

Quadro 10 – Citação curta

Todas as pesquisas, de modo geral, "recorrem à modalidade de pesquisa bibliográfica para a revisão da literatura existente, pois todo conhecimento novo deve considerar o conhecimento produzido até então" (Dalberio e Dalberio, 2016, p. 167).

Fonte: Dalberio e Dalberio (2016).

Abaixo, um exemplo de citação longa, que vem com recuo de 4 cm à direita, fonte menor e espaço simples. As citações longas são sempre cópia fiel do texto. Aqui não se usa mais as aspas.

Quadro 11 – Citação longa

A pesquisa documental segue os mesmos passos da bibliográfica. A diferença é que, enquanto na pesquisa bibliográfica as fontes são construídas por material impresso, localizado nas bibliotecas ou online, na pesquisa documental as fontes são muito diversificadas e estão muito dispersas. Encontram-se em museus, bibliotecas, arquivos diversos, órgãos públicos, instituições privadas, igrejas, sindicatos e partidos políticos, dentre outros (Dalberio e Dalberio, 2016, p. 167).

Fonte: Dalberio e Dalberio (2016).

Observem os resumos e textos colocados acima. Com exceção da fonte, eles estão formatados e alinhados conforme as orientações da ABNT.

3.3 As orientações das revistas qualificadas

As revistas qualificadas e os periódicos normalmente solicitam aos autores para seguirem as normas da ABNT, e sempre acrescentam algumas normas próprias. Eles sempre trazem orientações para a redação e para a formatação de artigos, resenhas, ensaios e dossiês, variando tais orientações de uma revista ou periódico para outro.

A escolha da revista para submeter o artigo à avaliação e possível aprovação deve ser criteriosa. Obviamente, tem que ser uma revista da área de estudo do(a) autor(a). E as revistas são qualificadas por um Qualis pela CAPES. Quanto mais elevado o Qualis for, mais exigente e rigoroso será o processo de aprovação de um artigo. Essa classificação revela se o periódico científico é recomendado como um bom veículo para publicar o seu resumo ou artigo científico. Para se informar sobre o estrato de uma revista, é necessário acessar a Plataforma Sucupira e fazer uma pesquisa. Assim, na escolha do periódico, busque saber qual é o Qualis/CAPES dele. Para isso, basta consultar o "Qualis Periódicos" na plataforma. Tem que informar os dados da revista ou do periódico, como número do ISSN, área e ano, dentre outras informações.[2] Há também algumas publicações em PDF de universidades que informam o Qualis, o que se encontra facilmente numa busca no Google.

Devo seguir as normas da ABNT ou as orientações dos periódicos? Os dois.

"Escrever é sacudir o sentido do mundo" (Roland Barthes).[3] Portanto, é instigante.

Em seguida, anexa-se um exemplo de orientações para os autores submeterem suas publicações para uma revista online. Observem bem.

---

2 Esses dados são preenchidos no site: <https://sucupira.capes.gov.br/sucupira/public/consultas/coleta/veiculoPublicacaoQualis/listaConsultaGeralPeriodicos.jsf>.

3 CAVERSAN, Luiz. "Máximas sobre o ato de escrever". *Folha Online,* 2006. Disponível em: <https://www1.folha.uol.com.br/folha/pensata/luizcaversan/ult513u383438.shtml>.

Quadro 12 – Orientação de revista 1

Revista Triângulo – Universidade Federal do Triângulo Mineiro (UFTM):

Submissões

O cadastro no sistema e posterior acesso, por meio de login e senha, são obrigatórios para a submissão de trabalhos, bem como para acompanhar o processo editorial em curso. Acesso em uma conta existente ou Registrar uma nova conta.

Condições para submissão

Como parte do processo de submissão, os autores são obrigados a verificar a conformidade da submissão em relação a todos os itens listados a seguir. As submissões que não estiverem de acordo com as normas serão devolvidas aos autores.

- A identificação de autoria deste trabalho foi removida do arquivo e da opção Propriedades no Word, garantindo desta forma o critério de sigilo da revista, caso submetido para avaliação por pares (ex.: artigos).
- A contribuição é original, inédita e não foi enviada para avaliação e/ou encontra-se publicada em outra revista; caso contrário, justificar em "Comentários ao Editor".
- Os arquivos para submissão estão em formato Microsoft Word. DOC (desde que não ultrapasse os 2 MB) e estão de acordo com o template disponibilizado.
- O texto está em espaço 1,5; usa fonte Times New Roman de 12-pontos; emprega itálico ao invés de sublinhar (exceto em endereços URL); com figuras e tabelas inseridas no texto, e não em seu final.

• O arquivo com o texto tem, em sua primeira folha, o título, o resumo, as palavras-chave, o título em inglês, abstract em inglês e as keywords em inglês. Tem as palabras-clave e o resumen em espanhol. • O texto segue os padrões de estilo e os requisitos bibliográficos descritos em "Diretrizes para Autores", na seção "Sobre a Revista". Especialmente quanto aos princípios éticos e de boas condutas na publicação dos manuscritos, evitar plágio e autoplágio. Declaro que o manuscrito pode ser analisado por sistemas antiplágio e se detectada alguma questão de ética no manuscrito o(s) autor(es) serão notificados pelo(s) editor(es). • O(s) autor(es) atestam que o manuscrito atende aos princípios de ética exigidos para as publicações científicas e também reconhecem que no manuscrito submetido não há plágio nem autoplágio. Os casos de plágio, quando detectados, serão tratados pela comissão editorial.

Fonte: *Revista Triângulo*.[4]

Quadro 13 – Orientação de revista 2

Diretrizes para Autores A revista publica quadrimestralmente manuscritos nos idiomas português, inglês, espanhol ou francês, nas seções de artigos, ensaios teóricos, resenhas, entrevistas, resumos de dissertações e teses, traduções, relatos de experiência e documentos de entidades. As submissões e as publicações são gratuitas, estando estas últimas condicionadas à aprovação por pareceristas e ao cumprimento de recomendações que porventura sejam indicadas.

Fonte: texto adaptado da *Revista Educação e Políticas em Debate*.[5]

---

4 Disponível em: <https://seer.uftm.edu.br/revistaeletronica/index.php/revistatriangulo/about/submissions>.

5 Disponível em: <https://seer.ufu.br/index.php/revistaeducaopoliticas/about/submissions>.

Como podem ver, as orientações aos autores, feitas por revistas qualificadas, normalmente são extensas e, à primeira vista, parecem complicadas demais. Mas, ao estudá-las e ao ir seguindo-as aos poucos, a gente vê que não é tão complexo assim. Com calma é possível de fazer. Por isso, ao escolher a revista para enviar o seu artigo para avaliação, observe atentamente as normas ou orientações para os autores.

3.4 A avaliação, a revisão e a aprovação do artigo

Os artigos enviados para as revistas e periódicos normalmente passam por uma rigorosa avaliação do comitê editorial. E quanto mais elevado for o Qualis/CAPES da revista, mais exigente ela será. Precisa seguir fielmente todas as orientações e exigências para a submissão do artigo a ser avaliado. Se enviar ou submeter o texto sem a formatação adequada, ele já é reprovado no início e nem segue o passo de envio para os avaliadores.

A avaliação se dá, comumente, pelo método duplo-cego, no qual dois avaliadores julgam o texto. Se não há concordância entre eles, envia-se para um terceiro avaliador. Quem avalia desconhece o(s) nome(s) do(s) autor(es) e dos outros avaliadores, para a garantia da neutralidade na avaliação. Esse processo é trabalhoso e um pouco demorado.

A comissão editorial é formada por pesquisadores da própria instituição e de instituições de fora, em nível nacional e internacional. É necessário que a revista ou periódico tenha um bom número de pesquisadores/professores no banco de avaliadores, pois, se um ou mais deles não tiver disponibilidade de avaliar no momento, há de se buscar outros.

Quando dois avaliadores concordam com a aprovação, ela é comunicada ao autor. É comum que a aprovação seja condicionada a reajustes e à revisão do texto pelo(s) autor(es). Se o retorno da revista solicita a revisão, é preciso seguir as observações cautelosamente, para que o texto seja publicado. A aprovação de cada artigo é sempre motivo de alegria e comemoração. Viva!

4. A ESTRUTURA DO ARTIGO CIENTÍFICO – PASSO A PASSO

A vida é como um lápis que certamente se esgotará, mas deixará a bela escrita da vida.

Nami (*One Piece*)

O objetivo deste capítulo é orientar a construção dos principais elementos de um artigo científico, a saber: título, resumo, introdução, método, discussão do problema e resultados. Escrever é registrar saberes, vida, conhecimentos. É como deixar um legado importante. "Escrever é uma forma de a voz sobreviver à pessoa" (Margaret Atwood).[1] Construa a sua história e capriche!

No capítulo anterior, já foram apresentadas as normas técnicas na estruturação de um artigo científico. Neste momento, torna-se oportuno discutir um pouco da construção de cada parte. Inicia-se, em sequência, pelo título do artigo.

4.1 O título do artigo

Cada revista ou periódico pode dar orientações diferentes para o formato do título do artigo. Por isso, tem que

---

1 CAVERSAN, Luiz. "Máximas sobre o ato de escrever". *Folha Online,* 2006. Disponível em: <https://www1.folha.uol.com.br/folha/pensata/luizcaversan/ult513u383438.shtml>.

prestar atenção nas diretrizes para os autores, que se encontram nos sites das revistas.

Uma orientação comum é que o título não deve ser muito longo. Deve conter entre 18 e 20 palavras, por exemplo. Outra dica é não começar com gerúndio. Aliás, deve-se evitar o gerundismo em todo o texto. Exemplo de gerúndio: "Pesquisando sobre a Escola Básica de Minas Gerais".

Outras sugestões para a escolha do título:

Quadro 14 – Orientações para a construção do título do artigo

nº	Orientações para a construção do título do artigo
01	O título deve estar relacionado e ser reflexo do conteúdo do trabalho.
02	Pode-se usar um subtítulo para explicar o título em mais detalhes.
03	Deve ser conciso, abrangente, e transmitir uma boa mensagem com o mínimo de palavras (no máximo, cerca de 20 palavras).
04	Pode-se colocar a principal conclusão do trabalho no título com o intuito de chamar a atenção do leitor.
05	Pode-se elaborar o título em forma de pergunta, usando o ponto de interrogação.
06	É melhor definir o título quando o trabalho estiver finalizado, para ter uma ideia do todo.
07	Evitar usar gerúndio ao iniciar o título. Ex.: "Construindo conhecimentos sobre...".
08	Lembre-se de que o título transmite uma mensagem e chama a atenção do leitor.

4.2 O resumo do artigo científico

Barros e Lehfeld (2007) dizem que *resumo* é a condensação do texto; ou o ato de condensar as ideias principais ou centrais. Expressa a comunicação reduzida, seja ela de forma narrativa, descritiva ou dissertativa. Para a realização de um resumo, é necessário fazer uma leitura analítica, seguida de uma síntese do texto. Nesta última, pode-se usar as palavras do autor ou as do leitor, com o cuidado de não interpretar erroneamente as palavras de quem escreveu.

Enfim, a ABNT traz que resumo é a "apresentação concisa dos pontos relevantes de um documento" (NBR 6022, 2018, p. 5). A mesma norma denomina como *resumo indicativo* o "trabalho que indica os pontos principais do documento sem apresentar detalhamentos, como dados qualitativos e quantitativos, e que, de modo geral, não dispensa a consulta ao original". E denomina como *resumo informativo* o "trabalho que informa finalidades, metodologia, resultados e conclusões do documento, de tal forma que possa, inclusive, dispensar a consulta ao original". Este último deve ser o resumo utilizado nos artigos.

Barros e Lehfeld ainda sugerem que, antes de resumir, deve-se fazer um esquema e preparar as anotações de leitura. O resumo deve ser redigido em frases curtas, objetivas, acrescentando referências bibliográficas e observações de caráter pessoal, se necessário.

Todavia, na construção de resumos para artigos, teses, dissertações e TCC, não se deve fazer citações de autores. O resumo é estruturado nas seguintes fases:

Quadro 15 – Fases do resumo

nº	Fases do resumo
01	Ler o texto com atenção, procurando entendê-lo bem.
02	Procurar a ideia-tópico de cada parágrafo.
03	Relacionar e ordenar as ideias de cada parágrafo.
04	Escrever a síntese, formando frases com todas as ideias principais.
05	Confrontar a síntese com o original, para não se omitir nada de importante.
06	Redigir, finalmente, o resumo com bom estilo e usando as próprias palavras.

Fonte: tabela construída com base em Barros e Lehfeld (2007).

Ao seguirmos todos esses passos, teremos um resumo de boa qualidade. Quanto mais se exercitar e se desafiar na construção de um resumo, mais se aperfeiçoará.

Há ainda diferentes tipos de resumos: o *resumo crítico*, o *resumo indicativo* e o *resumo informativo*. O *resumo crítico* é redigido por especialistas objetivando a análise crítica de um documento, e é também chamado de resenha. Por suas características especiais, não está sujeito a um número restrito de palavras. O *resumo indicativo*, como o nome diz e como acabamos de apontar, indica os principais elementos do texto ou documento, sem apresentar dados qualitativos. Por último, o *resumo informativo*, também já abordado, informa ao leitor finalidades ou objetivos, metodologia, resultados e conclusões do texto, de maneira que possa, em alguns casos, até dispensar a leitura do original. Como já dissemos, é este último modelo de resumo que se utiliza nos trabalhos científicos.

Por conseguinte, as revistas e periódicos costumam orientar o formato do resumo, os elementos necessários e o número de palavras.

Quadro 16 – Orientação para o formato do resumo

"O resumo deve possuir entre 600 e 900 caracteres com espaços, incluindo informações que identifiquem: problema, objetivos, referencial teórico, metodologia e síntese dos principais resultados do estudo realizado, na fonte Times New Roman, tamanho 11 e espaçamento entrelinhas 1,0" (*Revista e-Curriculum*, PUC-SP, 2023). Se escrito em Português, o resumo deve ser traduzido em Inglês e Espanhol. Não utilizar resumos da internet, mas os de profissionais especializados.

Fonte: *Revista e-Curriculum*.[2]

Algumas orientações para a construção de um bom resumo:

Quadro 17 – Dicas para a escrita do resumo do texto

nº	Dicas para a escrita do resumo do texto
01	O resumo constitui um só parágrafo em poucas linhas ou palavras.
02	Deve-se escrever o resumo depois que terminar o artigo, após ler e revisar o texto.
03	As frases devem ser elaboradas de forma concisa e afirmativa, e não em tópicos enumerados.
04	Escrito na 3ª pessoa do singular (em alguns casos no impessoal).

2 Disponível em: <http://educa.fcc.org.br/revistas/curriculum/pinstruc.htm>.

05	A primeira frase deve ser interessante para chamar a atenção do leitor.
06	Explicite resumidamente os objetivos, a metodologia/técnicas e instrumentos utilizados, os resultados e conclusões.

A ABNT NBR 6028 (2021, p. 6) traz que:

Quadro 18 – Orientações da ABNT 6028/2021 sobre o resumo

01	O resumo deve ressaltar sucintamente o conteúdo de um texto. A ordem e a extensão dos elementos dependem do tipo de resumo (informativo ou indicativo) e do tratamento que cada item recebe no documento original.
02	O resumo deve ser composto por uma sequência de frases concisas em parágrafo único, sem enumeração de tópicos.
03	Em documento técnico ou científico, recomenda-se o resumo informativo.
04	Convém usar o verbo na terceira pessoa.
05	O resumo, quando não estiver contido no documento, deve ser precedido pela referência.
06	A referência é opcional quando o resumo estiver contido no próprio documento, e deve ficar logo após o título da seção (Resumo).
07	As palavras-chave devem figurar logo abaixo do resumo, antecedidas da expressão "Palavras-chave", seguida de dois-pontos, separadas entre si por ponto e vírgula e finalizadas com ponto. Devem ser grafadas com as iniciais em letra minúscula, com exceção dos substantivos próprios e nomes científicos.
08	EXEMPLO Palavras-chave: gestação; cuidado pré-natal; *Aedes aegypti*; IBGE; Brasil.

Fonte: ABNT 6028 (2021).

Sobre o número de palavras no resumo, em caso de artigo, a ABNT supracitada orienta o uso de 100 a 250 palavras nos artigos de periódicos. Esta orientação é diferente daquela para o resumo de dissertações e teses.

Por conseguinte, se você observar bem essas dicas e as orientações das revistas, fará um bom resumo. Mas, como tudo na vida, precisa exercitar e procurar se aperfeiçoar.

Quadro 19 – Resumo de artigo publicado em revista

FORMAÇÃO CONTINUADA DE PROFESSORES DOS ANOS INICIAIS DO ENSINO FUNDAMENTAL: desafios e enfrentamentos no atual governo **RESUMO** O artigo é um recorte da tese de doutorado defendida em uma Universidade pública Federal de Minas Gerais. O objetivo foi discutir a orientação do neoliberalismo e suas implicações para a formação continuada dos professores dos anos iniciais do ensino fundamental no atual governo. Utilizou-se a pesquisa bibliográfica, com fundamentação em autores como Dardot e Laval (2016); Decker (2015); Evangelista (2016); Freitas (2014/2018); Libâneo (2016); Shiroma (2017); dentre outros. Na consulta a documentos, recorreu-se a várias leis e resoluções e, na pesquisa de campo, à aplicação de questionários online. Pelas análises realizadas, foi possível compreender que a formação continuada dos professores dos anos iniciais do ensino fundamental tem sido determinada pelas diretrizes dos organismos internacionais, com princípios que fogem dos anseios dos professores, transformando-os em tarefeiros e despreparados para atender às demandas que lhes são impostas. Na busca por horizontes mais otimistas, depreendeu-se a necessidade do fortalecimento na luta contra políticas atuais que ameaçam conquistas alcançadas outrora, especialmente as conquistas de políticas públicas voltadas para a formação continuada dos professores, pois estas também se encontram ameaçadas. **Descritores:** neoliberalismo; formação continuada de professores dos anos iniciais do Ensino Fundamental I; políticas públicas.

Fonte: Nogueira e Borges (2022).

4.3 As palavras-chave

O que significa uma palavra-chave? Como o nome já diz, é uma palavra que resume os temas principais de um texto. Explicita as ideias e temas importantes para servir de referência a pesquisas. Os artigos podem ser lidos a partir das palavras-chave que apresentam, pois ela vai resumir o tópico principal do texto e destacá-lo bem. Num só parágrafo pode se apresentar várias palavras-chave. Além dos textos científicos, as palavras-chave também são usadas na arquivística, na biblioteconomia e em catálogos. Para escolher as suas palavras-chave, pense que uma "palavra-chave" é uma palavra que funciona como uma "chave" para o entendimento da mensagem do texto, que tem que ser específica, certa e única.

A ABNT NBR 6028 (2021, p. 5) diz que a palavra-chave traz a palavra representativa do conteúdo do documento, escolhida, preferentemente, num vocabulário controlado.

Normalmente, os periódicos e as revistas indicam a escolha de três a cinco palavras-chave. Vejam, abaixo, a orientação de uma revista bem-conceituada:

Quadro 20 – Palavras-chave

O resumo deve apresentar entre 3 e 5 palavras-chave. [...] resumo e palavras-chave devem ser escritos em português, inglês e espanhol. [...] Os títulos, os resumos e as palavras-chave em línguas estrangeiras devem ser escritos em itálico.

Fonte: *Revista e-Curriculum*.[3]

---

3 Disponível em: <http://educa.fcc.org.br/revistas/curriculum/pinstruc.htm>.

Como se vê, as revistas dão orientações sobre a construção das palavras-chave. É preciso atender a tais orientações, com atenção – como às demais –, se desejar a aprovação do artigo.

4.4 A construção dos objetivos e do problema de pesquisa

Estes elementos já devem ter sido construídos na elaboração do projeto de pesquisa e, portanto, antes do desenvolvimento dela. Todavia, eles vão aparecer no artigo científico tanto no resumo quanto no texto, e, por isso, traz-se alguns pontos esclarecedores sobre eles aqui.

São os objetivos da investigação que vão nortear todo o seu percurso, pois esclarecem onde se quer chegar com os resultados. Devem ser construídos de maneira simples e direta. O objetivo geral sempre traz a ideia do que será alcançado a longo prazo, que engloba todo o problema de pesquisa. Exemplo: conhecer, compreender, analisar... Os objetivos específicos são mais restritos, por isso, específicos. Eles colaboram para o alcance do objetivo geral, portanto estando relacionados com ele. Também indicam todos os passos a serem trilhados na investigação, bem como orientam a estrutura do relatório de pesquisa, ou seja, os tópicos e subtópicos que serão desenvolvidos no TCC, dissertação, tese ou artigo. Exemplos: apresentar, relacionar, comparar, levantar, discutir, identificar, dentre outros. O objetivo geral e os específicos devem ser redigidos com o verbo no infinitivo.

Exemplo de objetivos de uma pesquisa de doutorado:

Quadro 21 – Objetivos geral e específicos

Quadro dos objetivos geral (G) e específicos (E):	
G	1. Entender como as políticas públicas de formação continuada de professores da Educação Básica, no Brasil, influenciaram e/ou influenciam as políticas de formação da rede pública de Uberaba-MG, bem como seus avanços, limites e possibilidades, especificamente no Ensino Fundamental I, no período 2014-2019.
E	2. Discutir as políticas públicas de formação continuada no Brasil, que confluíram para a definição das metas contempladas no PNE (2014-2024);
E	3. Descrever e analisar as políticas públicas de formação continuada de professores do Ensino Fundamental I, a partir da promulgação do Plano Nacional de Educação (2014-2024);
E	4. Levantar e analisar documentos das ações da Secretaria Municipal de Educação de Uberaba-MG, para entender como é organizada a formação continuada de professores do Ensino Fundamental I na rede municipal de ensino;
E	5. Relacionar os dados encontrados nos documentos da Semed com a visão de professores do Ensino Fundamental I e de gestores, acerca do sentido e significado atribuídos às políticas públicas de formação continuada, implementadas na rede pública de Ensino Fundamental I de Uberaba-MG, a partir de 2014.

Fonte: Nogueira (2020).

Que tal o desafio de construir, neste momento, o objetivo geral e os específicos de sua investigação? Reveja as orientações e exemplos e mãos à obra. Vamos lá! Ouse!

Atividade 1 – Formule objetivos

Objetivo geral:
Objetivos específicos:

Lembre-se de que são esses objetivos que vão direcionar o desenvolvimento da pesquisa e a estrutura da tese.

O problema de pesquisa normalmente é elaborado com uma pergunta, bem complexa, que só será respondida com a realização da pesquisa. Alguns especialistas da metodologia científica afirmam que um problema bem elaborado significa meia pesquisa realizada ou até mesmo pronta. Então, o problema não é uma simples pergunta, pois, quando bem elaborado, só poderá ser respondido por meio de uma investigação metódica e sistemática. Carlos Gil (1995) indica alguns parâmetros para a construção de uma boa problematização: imersão sistemática no objeto a ser investigado; estudo profundo da literatura existente sobre o assunto; e discussão com pesquisadores experientes e práticos na realização e orientação no campo da pesquisa e na elaboração de projetos.

O mesmo autor sugere que a problematização da pesquisa, que sempre estará bem amarrada ao seu objetivo geral, deve seguir os seguintes princípios: a) o problema deve ser formulado como pergunta, portanto, com o uso do ponto de interrogação; b) o problema deve ser claro e preciso; c) o problema deve ser empírico, ou seja, de possível concretização; d) o problema deve ter uma delimitação a uma dimensão variável.

Pode-se iniciar a construção do problema com as expressões: "até que ponto..."; "em que medida..."; "em quais circunstâncias..." (Dalberio e Dalberio, 2016). Ademais, deve responder às perguntas: "o que pesquisar?", "onde?", "como?" e "quando?".

Alguns exemplos muito interessantes de problemas de pesquisa foram colocados por Triviños (1987), que contextualiza a construção de problemas dentro de três matrizes epistêmicas[4] ou correntes filosóficas diferentes: a matriz

---

4 Se quiser se fundamentar melhor sobre isso, ver: DALBERIO, O.; DALBERIO, M. *Metodologia Científica: Desafios e Caminhos* (Coleção Educação Superior). São Paulo: Paulus, 2016, p. 172-181; e/ou BORGES, M.; DALBERIO, O. "Aspectos metodológicos e filosóficos que orientam as pesquisas em educação". *Revista Iberoamericana de Educación*, 43 (5): 1-10, 2007.

positivista; a matriz fenomenológica; e a matriz do materialismo histórico-dialético.

Vejam os exemplos:

Quadro 22 – Tema, delimitação e problema de pesquisa segundo a corrente filosófica

nº	Enfoque	Exemplo
01	Positivista	Tema: O fracasso escolar. Delimitação do problema: O fracasso escolar nas escolas estaduais de 1º grau da cidade de Porto Alegre, RS. Formulação do problema: Existem relações entre o fracasso escolar das escolas estaduais de 1º grau da cidade de Porto Alegre, RS, com o nível socioeconômico da família, escolaridade dos pais, lugar onde a escola está situada, centro ou periferia, sexo dos educandos, anos de magistério dos professores, e grau de formação profissional dos mesmos?
02	Fenomenológico	Tema: O fracasso escolar. Delimitação do problema: O fracasso escolar nas escolas estaduais de 1º grau da cidade de Porto Alegre, RS. Formulação do problema: Quais são as causas, segundo a percepção dos alunos repetentes, dos pais, e dos professores, do fracasso escolar, e qual é o significado que este tem para a vida dos estudantes que fracassam, segundo estes mesmos, os pais, e os educadores das escolas estaduais de 1º grau da cidade de Porto Alegre, RS?

03	Dialético	Tema: O fracasso escolar. Delimitação do problema: O fracasso escolar nas escolas estaduais de 1º grau da cidade de Porto Alegre, RS. Formulação do problema: Quais são os aspectos do desenvolvimento do fracasso escolar em nível local, regional e nacional, quais são as suas relações com o processo de educação da comunidade nacional, e como se apresentam as contradições, primordialmente, em relação ao currículo, formação e desempenho profissional dos professores, e situação do lugar da escola, centro ou periferia, assim como dos alunos que fracassam, especificamente nas escolas estaduais de 1º grau da cidade de Porto Alegre, RS?

Fonte: Triviños (1987, p. 96-7).

Esses três exemplos são oriundos de diferentes tipos de formulação de problemas de pesquisa, em relação ao enfoque teórico do investigador – sua corrente filosófica ou matriz epistêmica. São complexos e merecem aprofundamento. Essa opção por uma concepção filosófica é mais cobrada na tese de doutorado ou já na dissertação de mestrado. Mas a ideia de trazê-la aqui é para agregar conhecimentos e curiosidades ao futuro aprofundamento dos estudos de vindouros pesquisadores ou de iniciantes na pesquisa.

Outro exemplo de problema de pesquisa:

Quadro 23 – Problema de pesquisa

Exemplo de problema de pesquisa
Tema: formação continuada de professores da Educação Básica.
Delimitação do problema: os professores efetivos do Ensino Fundamental I da rede pública de Uberaba-MG, no período 2014-2019.
Formulação do problema: até que ponto as políticas públicas de formação continuada de professores da Educação Básica, no Brasil, influenciaram e/ou influenciam as políticas de formação continuada dos professores efetivos do Ensino Fundamental I da rede pública de Uberaba-MG, no período 2014-2019, identificando avanços, limites e perspectivas?

Fonte: Nogueira (2020).

Exemplos como este são importantes para clarear melhor a construção dos objetivos e do problema de pesquisa, que não é tão simples de resolver. Comumente, antes da elaboração dos objetivos e do problema, são realizadas muitas leituras, conversas e reflexões com orientador(a), ensaios, construção e reconstrução, até que eles fiquem elaborados de maneira adequada. E, algumas vezes, a banca de defesa ainda propõe o aperfeiçoamento deles.

Aprenda que é preciso ter uma "paciência histórica", dedicação e perseverança para fazer uma pesquisa que envolva muitos estudos com disciplina e afinco, seguindo dado progresso: construção do projeto de pesquisa, desenvolvimento da pesquisa, relatório da pesquisa (TCC, dissertação ou tese), e, finalmente, artigo científico para a socialização dos achados da pesquisa. É preciso ter como objetivo de vida aprender mais, crescer intelectualmente, "ser mais", como afirmou o educador brasileiro Paulo Freire:

> É importante insistir em que, ao falar do "Ser Mais" ou da humanização como vocação ontológica do ser humano, não estou caindo em nenhuma posição fundamentalista, de resto, sempre conservadora. Daí que insista também em que esta "vocação", em lugar de ser algo *a priori* da história, é, pelo contrário, algo que se vem constituindo na história (Freire, P., 2016, p. 137).

E assim, Freire percebe o humano como um ser inacabado e consciente de seu inacabamento, por isso também consciente de que pode ir além, como sujeito de busca.

Após todas essas orientações e exemplos, que tal você fazer o exercício de construir aqui o seu problema de pesquisa, com o tema, a delimitação do problema e a sua formulação? Lembre-se de que o problema de pesquisa está sempre relacionado com os objetivos. E se você caminhou até aqui, já tem subsídios para isso. Desafie-se!

Atividade 2 – Formule um problema de pesquisa

Oba! Aposto que você conseguiu!

4.5 A construção da fundamentação teórica da pesquisa e do artigo

A construção da fundamentação teórica exige a realização de leituras e fichamentos, conforme já se apresentou na introdução deste livro. Começa-se o processo pelo levantamento bibliográfico. Este consiste em selecionar livros, periódicos, teses, monografias, dissertações, informações extraídas da internet (verificar o rigor das informações e quão confiáveis são suas fontes) e artigos de revistas impressas ou online, de acordo com a temática investigada. Quanto maior for a diversidade das fontes e o número de publicações sobre o assunto, se bem selecionadas, mais qualidade e solidez terá o texto a ser construído.

Destaca-se que numa investigação científica não é válido colocar livros de autoajuda e sites não recomendados, com informações de fontes duvidosas. Precisa buscar fontes confiáveis e fidedignas da área de estudo, presentes nos repositórios das universidades, portal CAPES, dentre outros.

O leitor deve explorar bem o material selecionado. Realizar primeiro a leitura de reconhecimento, examinando os sumários e escolhendo os textos mais indicados para contribuir com a pesquisa. Depois, deve-se realizar uma leitura analítica, na qual o leitor deixa de ser passivo e começa a fazer anotações, resumos, fichamentos ou outra atividade, agindo sobre o material bibliográfico e extraindo dele, de forma objetiva, por meio de uma síntese, o que mais contribui para o seu novo texto.

Denomina-se "revisão da literatura" o exercício de levantar, obter e consultar a bibliografia e outros materiais que possam ser úteis para os propósitos de determinado estudo ou investigação. Encontramos também na literatura as expressões "estado da arte", "estado do conhecimento", e "estado da questão". Há semelhança entre os conceitos dessas expressões, todavia, ao se adotar uma delas, deve-se buscar mais informações sobre seu conceito específico e sobre como realizá-lo. São práticas muito usadas nas teses, dissertações e artigos.

Brevemente, vamos apresentá-las aqui:

Sobre o "estado da arte", entende-se o mapeamento de toda a produção acadêmica sobre um assunto específico. É importante no trabalho porque reúne as conclusões a que outras pesquisas científicas chegaram sobre o mesmo assunto, compreendendo artigos, teses, dissertações etc. E o trabalho que está sendo realizado deve considerar o que já foi produzido antes com a proposta de ir além ou de contribuir com essa produção existente. Pode-se delimitar um tempo e um contexto para a pesquisa.

O "estado do conhecimento" é a identificação, o registro e a categorização que levam à síntese da e à reflexão sobre a produção científica de uma determinada área, em um determinado espaço de tempo, reunindo, por exemplo, teses e dissertações sobre uma temática específica.

> Os estudos realizados a partir de uma sistematização de dados, denominada 'estado da arte', recebem esta denominação quando abrangem toda uma área do conhecimento, nos diferentes aspectos que geraram produções. [...] O estudo que aborda apenas um setor das publicações sobre o tema estudado vem sendo denominado de 'estado do conhecimento' (Romanowski, J.; Ens, R., 2006, p. 39-40).

O "estado da questão" é um método de pesquisa que reúne as condições atuais na literatura científica sobre o objeto de investigação. Então, é o que vai definir o objeto específico do trabalho de conclusão de curso de graduação ou pós-graduação.

Como se pode ver, todos esses métodos reúnem os estudos existentes sobre determinado tema. A busca pode ser realizada com palavras-chave ou com categorias selecionadas de acordo com o tema/objeto/objetivos da pesquisa. Pode-se delimitar a temática, o tempo, o contexto, a série, a espécie, dentre outros. Na área de educação, comumente realiza-se buscas na base de dados da "Biblioteca online eletrônica de ciências" (SciELO), no banco de dados do Periódicos CAPES, e na Biblioteca Digital Brasileira de Teses e Dissertações (BDTD), dentre outros.

Novamente, depreende-se que há semelhanças e dessemelhanças entre os conceitos, por isso, ao escolher um deles, busque o seu significado e a sua forma de operacionalização.

4.6 A construção do método

A seção "Materiais e Métodos" ou "Metodologia de pesquisa" deve ser escrita de forma simples e direta. Deve-se registrar os passos realizados durante o desenvolvimento das atividades experimentais, e, se for o caso, de forma simultânea a elas. Precisa explicar os detalhes dos caminhos percorridos na investigação, explicitando como ela foi realizada. Mas há indicação de que ela seja escrita de maneira lógica, clara e objetiva – o que não tira essa importância de inserir detalhes que permitam que outros pesquisadores repitam os mesmos protocolos e comparem os resultados, validando a metodologia e tornando-a mais fidedigna.

O autor do artigo precisa descrever o tipo de delineamento adotado na pesquisa. Não é aconselhável somente afirmar que se trata de um estudo quantitativo ou qualitativo. Em ambos os casos, é preciso esclarecer o tipo de delineamento escolhido para a investigação. Dalberio e Dalberio (2016) e Gil (2002) trazem os vários delineamentos de pesquisa, relacionados aos procedimentos, a saber: pesquisa bibliográfica, documental, experimental, participante, *ex-post-facto*, levantamento (*survey*), e pesquisa-ação, dentre outras. Além deles, outros autores trazem outras modalidades, como a pesquisa etnográfica, o estudo de caso, a pesquisa de campo etc. Há, ainda, as classificações quanto aos objetivos, denominadas de pesquisa exploratória, descritiva e explicativa. Quanto à sua natureza, a pesquisa pode ser classificada como básica ou aplicada. Ao escolher o delineamento, você precisa justificar a sua escolha (Gil, 2002).

Na avaliação dos periódicos, o editor – a pessoa que decide sobre a aceitação ou a recusa do artigo para publicação – vai observar questões como: "A conclusão apresentada tem suporte nos métodos e nos resultados que constam no artigo?"; "Os objetivos da pesquisa foram alcançados?"; e "A problemática foi respondida?". Para localizar as respostas a essas perguntas, o editor compara os resultados apresentados com o método utilizado para obtê-los, e se o problema foi de fato respondido. Se não há descrição das técnicas empregadas, o editor pode incluir o trabalho na categoria "qualidade inferior" e ele é reprovado.

Abaixo, sintetizado em um quadro, sugere-se os tópicos para a construção (redação) da seção de método ou de metodologia do artigo científico original. Cada item deve ser explicado/desenvolvido em forma de redação. É importante observar as "instruções para autores", que se encontram nos periódicos ou revistas, ou em livros com dados sobre redação científica (Pereira, 2013).

Que complexidade é a elaboração do método de pesquisa! Quais são mesmo os elementos importantes nessa construção?

Quadro 24 – Estrutura da seção de método de um artigo científico original

Tópicos, explicações ou detalhamento		
nº	**Critérios**	**Explicação**
01	Delineamento	O mesmo que "tipo de estudo". Ex: pesquisa bibliográfica, documental ou de campo...
02	Cenário	Contexto da pesquisa, como datas, local e suas características. Delimitação do lugar.
03	Amostra	Casuística, como população de referência, participantes da pesquisa – ou a forma de seleção da amostra.
04	Coleta de dados	Procedimentos e instrumentos de mensuração. É a definição operacional dos eventos relevantes. Em pesquisas quantitativas e/ou qualitativas: questionários, roteiro de entrevistas, roteiro de observação etc.
05	Intervenção	Necessária, por exemplo, em ensaios clínicos e em pesquisas experimentais.
06	Métodos estatísticos	Quando apropriados, como o cálculo do tamanho da amostra. É a forma de análise dos dados.
07	Métodos qualitativos	Justificam a escolha dos participantes da pesquisa, os critérios de seleção dos sujeitos, ou o contexto.
08	Aspectos éticos	Em acordo com as resoluções que regem as pesquisas de seres humanos no país. Procura-se aprovação no Comitê de Ética em Pesquisa (Plataforma Brasil).

Fonte: texto adaptado, com base em Pereira (2011).

Para facilitar a escrita da seção sobre os métodos de pesquisa, apresenta-se a seguir algumas orientações ou dicas de como organizar essa seção, bem como outras informações importantes:

Quadro 25 – Orientações para a organização da seção de metodologia

nº		**Itens importantes**	**Orientações**
01		Objeto de estudo	Informe o local e o período em que o trabalho foi realizado. Se for o caso, descreva as características físicas, geográficas e biológicas do local de pesquisa.
02		Subseções	Na seção de método ou de metodologia, organize subseções, em ordem cronológica, para separar a descrição de diferentes procedimentos ou etapas da sua pesquisa (ex.: tipo de estudo, instrumentos e experimentos, análises laboratoriais, e análise de dados).
03		Forma de escrita	Escreva de forma impessoal e descreva os procedimentos realizados sempre no passado (voz ativa ou passiva). Ex.: "Realizou-se a coleta de dados...". A escrita não deve ser muito longa, mas também não muito sintética, omitindo informações importantes. Buscar o equilíbrio.

04		Referências	Citar as referências sobre os instrumentos, protocolos ou delineamentos de pesquisa para mostrar o embasamento teórico. Mesmo assim, deve-se inserir informações necessárias para informar dados e justificar as escolhas metodológicas.
05		Abreviações	Coloque as abreviações por extenso quando mencioná-las pela primeira vez.
06		Experimentos	Explicitar claramente como os dados experimentais foram organizados (variáveis dependentes, independentes, tratamentos) e analisados. Dizer como os pressupostos do teste estatístico foram avaliados.
07		Análise dos dados qualitativos	Informar como foram levantadas as categorias de análise, e como esta foi realizada. Explicar e justificar cada uma. Ex.: uso da triangulação de dados; uso da análise de conteúdo (Bardin).
08		Elementos necessários	Tipos de pesquisa (delineamento); recorte temporal (quando); contexto geográfico (onde); instrumentos utilizados (material de laboratório, questionário, roteiro para entrevista...); amostra ou participantes; técnica para análise dos dados etc.

4.7 Os resultados apresentados no artigo

A seção de resultados objetiva, como o próprio nome indica, revelar o que foi encontrado na pesquisa, ou seja, o que você obteve no seu estudo. Assim, esta parte será elaborada com as informações e os dados relevantes que foram condensados pelo(a) autor(a).

Inicialmente, deve-se apresentar as características dos sujeitos ou participantes do estudo. São informações sobre o perfil deles, envolvendo dados demográficos, socioeconômicos, educacionais, ou clínicos para descrever ou caracterizar o(s) grupo(s) investigado(s).

Pode-se usar gráficos e tabelas para apresentar informações de forma objetiva, para ilustrá-las. Em geral, essa comunicação é feita sob a forma da tabela. O leitor ou o avaliador poderá observar os dados apresentados e observar se os procedimentos de seleção utilizados chegaram a uma amostra adequada para o estudo, ou, no caso de estudos analíticos, se os grupos selecionados são comparáveis. Pode-se também explicar como se chegou à amostra apresentada na análise dos dados.

Deve-se justificar os critérios utilizados para incluir ou excluir participantes da pesquisa. Os resultados principais devem estar relacionados aos objetivos da investigação, apresentados no artigo. O problema de pesquisa deve ser respondido.

Os resultados ou achados devem aparecer no texto, numa sequência lógica, assim como nas ilustrações. É preciso dar relevância aos dados estatísticos em pesquisas quantitativas, pois os principais achados são expostos acompanhados do tratamento estatístico, quando há necessidade.

Por fim, há espaço ainda para explicitar achados secundários relevantes ou inesperados que mereçam ser mencionados. A indicação de outras pesquisas para se buscar outras respostas também pode ser colocada (Pereira, 2013).

As sugestões para o conteúdo e para a ordem na apresentação dos temas estão expressas no quadro a seguir:

Quadro 26 – Estrutura da seção de resultados de um artigo científico

nº	Os resultados	O que significa?
01	Achados/resultados principais	Trata-se da resposta à questão (problema) central da investigação.
02	Outros achados	Referem-se às informações e aos objetivos secundários.

Fonte: tabela construída com base em Pereira (2013).

4.8 A discussão apresentada no artigo

Precisa-se ter em mente que é na parte da discussão do artigo que se deve fazer as ponderações sobre os resultados encontrados. Então, é hora de interpretar os resultados, destacando os mais relevantes. Se existir algo importante sobre cada elemento estudado, você deve argumentar, discutir. Na escrita, obedeça a sequência dos resultados apresentados. Pode-se, ainda, fazer referência a algum autor citado anteriormente, para dar mais fidedignidade à discussão, pelo apoio teórico (Aquino, 2010).

> A discussão é o local do artigo que abriga os comentários sobre o significado dos resultados, a comparação com outros achados de pesquisas e a posição do autor sobre o assunto. Uma discussão sem estrutura coerente desagrada, daí a conveniência de organizar os temas em tópicos (Pereira, 2013, p. 537).

As fragilidades ou as carências do trabalho devem ser colocadas em vez de omitidas. Limitações importantes que não são assinaladas no texto ferem a credibilidade da investigação. Merecem ser apontadas as limitações que possam influenciar os resultados da investigação. Essas limitações estão relacionadas ao tipo de delineamento empregado, ou a detalhes da própria pesquisa. Já os aspectos positivos, ao serem comentados, bem como as providências adotadas para atenuar as limitações do trabalho, influenciam a credibilidade dos resultados deste (Pereira, 2013).

Quadro 27 – Estrutura do texto de discussão dos resultados

nº	**Estrutura do texto de discussão dos resultados**
01	Destaque dos achados/resultados relevantes e originais.
02	Avaliação crítica da própria pesquisa: apresentar as limitações e os aspectos positivos.
03	Comparação crítica com a literatura pertinente.
04	Interpretação dos achados encontrados.
05	Os dados encontrados podem ser comparados com pesquisas anteriores.

06	Conclusão, se pertinente, acompanhada por generalização (quando possível), implicações, recomendações para a realização de outras pesquisas, e perspectivas.
07	Se possível, apresentar a função social da pesquisa e sua forma de socialização.

Fonte: texto adaptado, com base em Pereira (2013).

Vamos em frente! Aprender é uma delícia, pois o conhecimento é a única riqueza que ninguém pode tirar de nós!

5. A APRESENTAÇÃO DE ARTIGOS CIENTÍFICOS

Onde há uma grande vontade de aprender, haverá necessariamente muita discussão, muita escrita, muitas opiniões; pois as opiniões de homens bons são apenas conhecimento em bruto.

John Milton

O objetivo deste capítulo é apresentar modelos de artigo científico destacando o significado da divulgação de um relatório de pesquisa.

Como já foi comentado, os periódicos e revistas têm orientações diferentes para a apresentação e formatação dos textos. Os seus editores e avaliadores têm que seguir bem as "instruções para os autores" na hora de avaliar e de aceitar ou rejeitar os artigos para publicação. Nas diferentes áreas de investigação e nos diferentes tipos de ciência, essas orientações se diversificam ainda mais. Qual área da Ciência eu estudo e pesquiso? Abaixo, há um quadro com a diversidade de ciências existentes, ou áreas do conhecimento, segundo a CAPES:

Quadro 28 – Ciências

nº	Ciências
01	Ciências Exatas e da Terra.
02	Ciências Biológicas.
03	Engenharias.
04	Ciências da Saúde.
05	Ciências Humanas.
06	Ciências Agrárias.
07	Ciências Sociais Aplicadas.
08	Linguística, Letras e Artes.

Fonte: tabela elaborada a partir de informações da CAPES (2023).

5.1 Os modelos dos artigos científicos

A ABNT define um artigo original como parte de uma publicação que apresenta temas ou abordagens originais; e define um artigo técnico e/ou científico como parte de uma publicação, com autoria declarada, de natureza técnica e/ou científica (NBR 6022, 2018).

Já foi apresentado um modelo de resumo no Quadro 19. Todavia, uma vez que escrever um resumo com poucas palavras é desafiador, no intuito de colaboração, apresenta-se na sequência, também como modelos, mais alguns resumos diferentes de artigos.

Mais especificamente, trata-se de três modelos de resumo de artigo científico: um de engenharia, um da área da saúde e outro da área da educação. Vale a pena observar as diferenças e peculiaridades de cada um. Observe a qualidade dos resumos que esses artigos trazem. Para ler os artigo completos, o que vai te ajudar a entender melhor a composição e a estrutura de um texto científico, é só consultar as fontes abaixo dos quadros.

Quadro 29 – Resumo de artigo publicado 1

O que é um "bom" artigo científico? Concepções de estudantes do curso de Engenharia Elétrica

What is a "good" scientific article? Conceptions of students from the Electrical Engineering undergraduate course

¿Qué es un "buen" artículo científico? Concepciones de estudiantes del curso de Ingeniería Eléctrica

Elizabeth Maria da Silva
Maria Ariane Santos Amaro da Silva
Raquel Laurentino Cunha
Júlia Juliêta Silva de Brito

Resumo
Este estudo tem o objetivo de identificar concepções de artigo científico utilizadas por estudantes da área de Engenharia Elétrica de uma universidade federal brasileira. Embora valiosas contribuições já tenham sido dadas em materiais didáticos voltados para a didatização desse gênero, nota-se a escassez de pesquisas sobre os propósitos comunicativos e os significados sociais específicos de artigos científicos produzidos e publicados nas diferentes áreas do conhecimento. Por isso, o foco deste estudo são as perspectivas dos próprios integrantes de uma dessas áreas: exploram-se aqui entrevistas semiestruturadas realizadas com estudantes de Engenharia Elétrica, sob uma abordagem qualitativa e uma perspectiva experiencial, tomando como base a metodologia de análise de conteúdo. Fundamentada nos discursos sobre escrita, a análise dos dados conclui que as percepções desses estudantes sobre o que se espera de um "bom" artigo científico apontam duas dimensões: o artigo como prática social e o artigo como prática sociopolítica.

As discussões realizadas neste trabalho podem contribuir para ampliar o debate sobre a produção de gêneros acadêmicos.

Palavras-chave: artigo científico; concepção de escrita; produção científica.

Fonte: Silva, Silva, Cunha e Brito (2020).

Quadro 30 – Resumo de artigo publicado 2

Aplicativos para autogestão do diabetes tipo 1 em usuários de sistema de infusão contínua de insulina

Applications for self-management of type 1 diabetes in users of continuous insulin infusion system

Aplicaciones para el autocontrol de la diabetes tipo 1 en personas usuarias del sistema de infusión continua de insulina

Maria Girlane Sousa Albuquerque Brandão
Maria Aline Moreira Ximenes
Carla Regina de Sousa Teixeira
Vivian Saraiva Veras

RESUMO

Objetivo:
Identificar e descrever as características dos aplicativos móveis para autogestão do diabetes mellitus tipo 1 em usuários de sistema de infusão contínua de insulina.

Método:
Revisão integrativa, com buscas efetuadas no mês de junho de 2020, a partir dos artigos publicados PUBMED, CINAHL, Cochrane Library, Web of Science e Scopus. Considerou-se como critério de elegibilidade estudos que abordavam sobre aplicativos móveis para autogestão do DM1 em usuários de Sistema de Infusão Contínua de Insulina, sem restrição temporal. Foram excluídos apenas estudos indisponíveis.

Resultados:
Após a análise de duas revisoras independentes, foram incluídos na análise final 14 estudos e identificados 11 aplicativos móveis para smartphones que podem auxiliar no autogerenciamento do DM1, nomeados como iDECIDE, Sugar Sleuth, VoiceDiab, Blip, GoCARB, Nightscout, Gerenciamento Inteligente de Diabetes, Calculadora móvel de troca de Alimentos, Insulin Pump, DiaMob e Diário Interativo sobre Diabetes.

Conclusão:
Os aplicativos móveis foram desenvolvidos para promover mudanças de comportamento e ajustes no tratamento de maneira positiva, tanto em resultados clínicos quanto na qualidade de vida e autogestão do diabetes em pessoas com DM1. Aplicativos móveis para smartphones podem auxiliar no autogerenciamento do DM1, por possibilitar auxílio na decisão de aplicação de insulina, controle glicêmico, análise na necessidade de insulina nas refeições, gestão alimentar, cálculo dos componentes alimentares nas refeições, monitoramento contínuo da glicose e cálculo automático de bolus de carboidratos e insulina.

Palavras-chave: diabetes mellitus tipo 1; autogestão; aplicativos móveis.

Fonte: Brandão, Ximenes, Teixeira e Veras (2023).

Quadro 31 – Resumo de artigo publicado 3

BNC – Formação de Professores: da completa subordinação das políticas educacionais à BNCC ao caminho da resistência propositiva

BNC – Teacher Training: from a complete subordination of educational policies to BNCC to the path of propositional resistance

BNC – Formación docente: de la completa subordinación de las políticas educativas al BNCC al camino de la resistencia proposicional

Priscilla de Andrade Silva Ximenes
Geovana Ferreira Melo

Resumo
O artigo analisa impactos da Base Nacional Comum Curricular (BNCC) e da Base Nacional Comum para a Formação de Professores (BNC-Formação) na tentativa de padronização do currículo e do trabalho docente sob a lógica do capital, das políticas

neoliberais e da ordenação do Estado mínimo. Discute também como o engendramento da educação e da formação docente tem se pautado por um ideário determinado pelo mercado com base nos princípios administrativos e empresariais. Trata-se de uma pesquisa do tipo estudo de caso na Rede Municipal de Ensino (RME) de Goiânia, realizada mediante análise da legislação educacional e de entrevistas com um grupo de professoras formadoras. Os resultados apontam para a reconfiguração da formação continuada na RME de Goiânia, subsidiada pela premissa pragmática e tecnocrata de educação e de formação docente prescrita pela BNCC e pela BNC-Formação.

Palavras-chave: políticas de formação de professores; currículo; BNCC; BNC-Formação.

Fonte: Ximenes e Melo (2022).

Por esses exemplos apresentados, torna-se possível ter uma ideia de como os resumos devem ser construídos, assim como ter uma ideia da importância deles, pois, quando bem elaborados, os resumos representam a vitrine da pesquisa, ou seja, um convite para uma boa leitura.

Ademais, os artigos publicados em revistas bem-conceituadas – estas com Qualis – apresentam o *Digital Object Identifier* (DOI), que é o sistema (padrão) usado para identificar documentos digitais em redes de computador (NBR 6022, p. 6). E, ainda, há o *International Standard Serial Number* (ISSN) pelo qual cada documento adquire autenticidade, facilitando a sua identificação em qualquer lugar do mundo. Com esses mesmos objetivos, os livros são registrados com o *International Standard Book Number* (ISBN).

5.2 A divulgação de um relatório de pesquisa

A divulgação de um relatório de pesquisa – seja o TCC, a monografia, a dissertação ou a tese – se dá por publicações científicas em periódicos ou revistas qualificadas, ou mesmo em livros e capítulos de livros.

O relatório de pesquisa organizado num Trabalho de Conclusão de Curso (TCC) normalmente é uma revisão de literatura que se dá pela análise de e pelo diálogo com vários autores, resultando numa síntese, sem conter originalidade própria. Algumas vezes, também se realiza pesquisa de campo, por meio de entrevistas ou da aplicação de questionários, mas sem grande profundidade nas análises. Contudo, esse trabalho é importante, pois é aí que nasce um(a) futuro(a) pesquisador(a). Normalmente é um trabalho produzido no curso de graduação interdisciplinar, ou é o trabalho final da graduação, algumas vezes denominado como "projeto experimental" ou "monografia de curso", ou até mesmo utilizado como TCC em cursos de especialização *lato sensu*. Ademais, o TCC pode ser caracterizado como projeto de monografia, artigo, pesquisa, ou outro material cuja finalidade é ser um instrumento avaliativo para a formação no ensino superior.

Do relatório de pesquisa resulta uma dissertação de mestrado, já em nível de pós-graduação *stricto sensu*, sendo um trabalho mais elaborado, que exige mais rigor científico, embora ainda sem exigir originalidade. Uma dissertação é comumente estruturada em introdução, desenvolvimento e conclusão, tendo o objetivo de informar e/ou argumentar a respeito de um assunto.

No mestrado, o estudante tem que cursar as disciplinas de conhecimento específico de sua respectiva área de formação e de pesquisa, cumprindo uma exigência curricular de no mínimo dois anos, e contando com um(a) pesquisador(a) experiente como orientador(a). Desse modo, aqui já se realiza mais de um delineamento de pesquisa e já se utiliza instrumentos de coleta de dados diferenciados, demarcando um trabalho mais rigoroso quanto ao uso das normas científicas. A banca para a avaliação do trabalho atende aos objetivos para a consideração da dissertação de mestrado, e é formada por três membros, sendo um deles de uma instituição de pesquisa externa à do estudante.

No relatório de pesquisa que culmina na tese de doutorado, todo o tempo de estudo para a fundamentação teórica, o curso das disciplinas, a coleta de dados e as análises somam em torno de quatro anos. E certamente a exigência quanto à qualidade do trabalho de pesquisa, o rigor da investigação, e a produção de novos conhecimentos – o ineditismo – é maior. A tese se refere a uma ideia principal do texto, que vai orientar toda a sua argumentação e refletir o que vai ser defendido nele. Ela deve ser explícita e apresentar um ponto de vista, ou seja, o posicionamento crítico do autor sobre determinado assunto, todavia, sem apresentar opiniões de forma pessoal ou subjetiva, mas sim científica. A tese é apresentada no final do curso de doutorado, passando por uma arguição do candidato pela banca e por uma defesa com argumentos válidos – pois, novamente, exige-se originalidade.

A banca para a avaliação do trabalho atende aos objetivos para a consideração da tese de doutorado, e é formada por cinco membros, sendo dois deles de instituições de pesquisa externas à do estudante. É neste momento que o trabalho é validado pelo seu rigor científico, e é aí que ele pode ser socializado a partir de publicações em periódicos científicos. Então, quais são as modalidades de textos científicos? O quadro abaixo te ajudará a compreender melhor:

Quadro 32 – Tipos de trabalhos científicos

TIPOS DE TRABALHOS CIENTÍFICOS	**Modelos**
Monografia (Produção escrita sobre um tema delimitado)	TCC Dissertação Tese
Artigos científicos	Apresentar de forma objetiva o resultado dos trabalhos citados acima.

Algumas vezes, pesquisadores produzem artigos por meio de uma pesquisa bibliográfica ou por meio de uma revisão de literatura. Mas, nestes casos também se exige um bom diálogo entre os autores dessa literatura e as inferências próprias do pesquisador que redige o trabalho. É preciso garantir boa qualidade para que o texto seja aprovado pelos avaliadores das revistas.

As monografias (TCC, dissertações e teses), depois de avaliadas e aprovadas, ficam disponíveis nos repositórios das instituições de pesquisa, como as universidades. Para entender melhor esse processo, pesquise pelo "Repositório Institucional da Universidade de Uberlândia"[1] ou pelo

1 Disponível em: <https://repositorio.ufu.br/?locale=pt_BR>.

"Repositório Institucional da Universidade de São Paulo/ Repositório da Produção USP".[2] Uma vez inserido nos repositórios das universidades, das instituições de pesquisa, o trabalho se torna público e pode ser visualizado pelo mundo inteiro.

Por isso, enfatiza-se que o artigo científico é uma "comunicação científica": deve ser bem construído, com atenção às normas da língua culta, e, além delas, às normas da ABNT, para que seja aprovado e publicado nas revistas e periódicos, e, com isso, para que tenha a sua devida socialização no meio acadêmico e científico.

2 Disponível em: <https://repositorio.usp.br/>.

6. A RELEVÂNCIA DA COMUNICAÇÃO CIENTÍFICA

Toda a escrita, querendo ou não, é política. A escrita é a continuação da política por outros meios.

Philippe Sollers

Objetiva-se aqui projetar a importância da agregação das publicações científicas ao Currículo Lattes e a relevância disso para a carreira de todos os pesquisadores, desde os iniciantes até os mais experientes. As questões éticas do(a) pesquisador(a) e da pesquisa também são tratadas nesta seção.

O nosso mestre Paulo Freire, no grande legado que ele nos deixou, disse que a educação é um ato político (1996), porque não existe neutralidade. Aqui, a nossa política é sempre buscar "saber mais" nesse vasto e infinito oceano de possibilidades que é o conhecer.

6.1 Agregação das publicações científicas no Currículo Lattes

O Currículo Lattes é inserido na Plataforma Lattes, que é um sistema de currículos virtual criado e mantido pelo Conselho Nacional de Desenvolvimento Científico e Tecnológico (CNPq). Por meio deste, integram-se as bases de dados curriculares, dos grupos de pesquisa e das instituições de ensino que atuam no Brasil, nas áreas de ciência e tecnologia, em um único sistema de informação. A Plataforma Lattes foi construída para favorecer e facilitar as ações de planejamento, gestão e operacionalização do fomento à pesquisa, tanto do CNPq quanto de outras agências federais e estaduais, assim como de instituições de ensino e de pesquisa. Estima-se que a plataforma contém mais de um milhão de currículos cadastrados.[1]

Ademais, pode-se afirmar que a Plataforma Lattes é um banco de currículos disponível gratuitamente na internet e gerenciado pelo CNPq. O foco é acadêmico, por isso é bem mais completo e voltado para o histórico de estudos do profissional, diferente de um currículo tradicional, o Curriculum Vitae. Ao entrar na página do CNPq, você tem acesso direto ao Currículo Lattes, encontrando-se à margem direita da tela os links: "Buscar currículo", "Atualizar currículo" e "Cadastrar novo currículo".

Preencher ou registrar o Currículo Lattes é requisito obrigatório para aqueles que desejam construir uma carreira acadêmica. No processo seletivo para o curso de pós-graduação *stricto sensu*, ele conta pontos e é classificatório na pontuação da seleção dos candidatos. Colocou um ponto final na complexidade do grande volume de inventários isolados que dificultava a geração de dados sobre a base, também dificultando, num dado momento, os investidores a visualizarem todos os projetos científicos do Brasil.

1 Para acessar a Plataforma Lattes, ver: <https://lattes.cnpq.br/>.

Dessa forma, o Currículo Lattes teve origem em 1999, de modo pioneiro, e veio resolver o problema da falta de estruturação dos dados de pesquisadores brasileiros.

Nas diferentes áreas acadêmicas, o Currículo Lattes é utilizado para a pesquisa, vislumbrando a carreira profissional do sujeito pesquisador. Nele são lançadas todas as experiências de formação do estudante, incluindo as de trabalho ou profissionais.

Quadro 33 – Informações contidas no Currículo Lattes

O que o Currículo Lattes contém?
1 - informações solicitadas: nacionalidade, e-mail e senha cadastral;
2 - dados de informação pessoal, ou seja, data de nascimento, sexo, raça, nome da mãe, RG, CPF e passaporte;
3 - seu endereço de residência;
4 - toda a formação acadêmica (cursos diversos);
5 - a experiência profissional, vivências acadêmicas e sua atuação no mercado de trabalho tradicional;
6 - a área de atuação, a área de pesquisa e a proficiência em idiomas;
7 - publicações: artigos em periódicos, livros e capítulos de livros, em ordem cronológica;
8 - participação em eventos científicos, apresentação de trabalhos e publicações em anais de eventos;
9 - participação em grupos de pesquisa: coordenação ou integrante;
10 - participação em bancas de avaliação de TCC ou em bancas de processos seletivos;
11 - as orientações realizadas (TCC, mestrado, doutorado);
12 - e os trabalhos técnicos produzidos: oficinas, palestras, cartilhas, mesas redondas, trabalhos artísticos etc.

Fonte: texto adaptado, com base na plataforma do Currículo Lattes (2023).

Para entender melhor sobre o Currículo Lattes, visite a Plataforma Lattes e explore alguns currículos. Comece pelos de seus professores. Basta acessar o link "Buscar currículo" na plataforma, digitar o nome completo do(a) pesquisador(a), assinalar se é doutor ou não e clicar a tecla Enter. Dará certo. Pode também começar a explorar pelo currículo da própria autora deste livro.[2]

Agora, se você ainda não fez o seu Currículo Lattes, cadastrando-o na Plataforma Lattes, mãos à obra. Dê início à vida do(a) pesquisador(a) em potencial que está em você.

6.2 O compromisso ético mediante a ciência

"Educadores e educandos não podem, na verdade, escapar da rigorosidade ética" (Freire, P., 1996, p. 17). À esteira de Paulo Freire conclama-se que os pesquisadores e, consequentemente, os resultados de suas investigações também não escapam de tal rigorosidade.

Yves de La Taille (2006, p. 30) completa a ideia afirmando que "falar de moral é falar de deveres, e falar de ética é falar em busca de uma 'vida boa', ou se quiserem uma vida que vale a pena ser vivida". Viver dentro dos princípios éticos é questão de honra e, com certeza, livra-nos de muitos aborrecimentos, como ter que responder a um processo na justiça por plágio.

Por isso é fundamental o cuidado com o plágio. Assim, ao citar, referencie. Lembre-se que os princípios éticos também indicam que se deve citar alguém sem desmerecer

---

2 Acesse-o por este link: <http://lattes.cnpq.br/5826866488560826>.

o seu texto, já que as citações dão mais força para os argumentos do artigo científico.

A ética de qualquer profissional é um princípio de direito ou de boa conduta no ambiente de trabalho. O respeito às pessoas no campo profissional resguarda também o próprio direito de se exigir respeito. E isso significa muito mais do que ser cordial com as pessoas, dizer "bom dia", "obrigada", "até logo", "desculpe-me" e "com licença". Noções de boa educação são importantes em qualquer esfera da convivência humana.

Gadotti (2000), que é discípulo de Freire, disse que a integralidade do saber e do conhecer é formada por um tecido técnico, simbólico, político e cultural – eu acrescento o teórico –, e que isso implica também a politicidade do ato educativo. Daí, ninguém pode negar que a educação supõe valores éticos e princípios morais.

No campo da pesquisa técnico-científica, deve-se ter respeito pelos colegas que fazem parte do grupo de pesquisa, pelas pessoas que estudam temas iguais, semelhantes ou distintos aos seus. Na pesquisa, tem que ter troca, diálogo, união. Jamais dê voz e ouvidos à arrogância e à prepotência, que não levam a lugar nenhum.

Outro alerta importante, que consta na falta de ética, é a já mencionada cópia de trabalhos da autoria de outrem, sem a devida referência ou citação. Há cópia de frases, parágrafos, páginas, capítulos e até livros inteiros. Isso também é conhecido como pirataria ou *plágio*. No mundo acadêmico, é preciso corrigir essa prática maléfica, considerada falta de respeito e de ética. E isso também é corrupção. Portanto, o plágio ou a pirataria deve ser expurgado logo no curso de graduação, aprendendo desde cedo a dar o crédito a quem o merece por direito (Aquino, 2010).

Para ajudá-los nessa empreitada, recorre-se às normas da ABNT para citação bibliográfica, a norma NBR-10520/2002, que nos orienta sobre as citações curtas e longas – o uso da paráfrase e de como fazer as citações, referenciando os autores das ideias originais.

Segundo a ABNT, citações são menções no texto de informações extraídas de outra fonte. O objetivo da norma NBR-10520/2002 é fixar ou uniformizar as condições exigidas para a padronização e para a coerência da seguridade das fontes, indicadas nos textos dos tipos de documentos (ABNT, 2002).

Na ABNT, temos as formas de citações mais conhecidas, que são: direta, indireta, e citação de citação.

A ABNT afirma que a citação direta é a transcrição textual de um trecho da obra do autor consultado (NBR 10520, 2002, p. 2). As citações diretas são também chamadas de citações formais, literais, textuais, ou de transcrições. Esse tipo de citação pode se apresentar de duas formas: a) no decorrer do texto e com aspas, se for até três linhas; b) destacado do texto se ultrapassar três linhas, não utilizando aspas, e sim uma fonte menor (tamanho 11), com espaçamento simples e justificado, e com recuo de quatro centímetros à direita. Seja quando colocados entre parênteses, seja fora deles, os sobrenomes dos autores devem vir somente com a primeira letra em maiúsculo. Já vimos alguns exemplos de citações no terceiro capítulo. Mas você já sabe fazer citações? Veja esse exemplo de citação direta, curta, e de até três linhas:

Quadro 34 – Citação direta

Segundo Nogueira e Borges (2023, p. 10), "[...] não podemos estranhar que professores busquem, como uma saga, uma formação que os capacite a entender esse processo que devem seguir, a fim de organizarem atividades alinhadas à BNCC".

Fonte: Nogueira e Borges (2023, p. 10).

Agora, em comparação, veja esse exemplo de citação direta e longa, com mais de três linhas:

Quadro 35 – Citação longa e direta

O contexto neoconservador em que se encontra o país reitera que a BNCC é mais uma forma de controlar os professores, que serão avaliados pelo sucesso ou fracasso dos seus alunos, e ainda terão sua formação realizada a partir de receitas que invadem as universidades. Visando reduzir desigualdades sociais e educacionais, os professores devem ser competentes para conseguirem auxiliar seus alunos na busca por habilidades que os tornem competentes também, e, para atingir tal fim, existe a descrição de objetivos, direitos e ações que devem ser seguidos durante as aulas (Nogueira e Borges, 2023, p. 14).

Fonte: Nogueira e Borges (2023, p. 14).

A citação indireta ou livre, por sua vez, é quando as próprias palavras do(a) pesquisador(a) se baseiam na obra do autor consultado. Esse tipo de citação também é chamado de paráfrase. Nesta, não é preciso usar aspas, uma vez que não se trata de uma transcrição literal (como no caso da citação direta). Você escreve a ideia do autor consultado com suas próprias palavras, mas baseando-se na obra dele. Quando se faz uma paráfrase, coloca-se o sobrenome do autor e o ano. Não precisa colocar o número da página, porque não é uma citação *ipsis litteris* (tal como está escrito), tratando-se de uma interpretação, uma reformulação, das ideias do autor. Veja o exemplo:

Quadro 36 – Paráfrase

Precisamos estar atentos e continuar lutando por uma agenda democrática e inclusiva na área da educação, e, ao discutirmos sobre a formação continuada de professores, continuar lutando para que este momento seja importante e reverbere no desenvolvimento deles (Nogueira e Borges, 2023).

Fonte: Nogueira e Borges (2023).

Finalmente, por "citação de citação" entende-se a citação direta ou indireta de outra citação, por sua vez pertencente a um texto ao qual não se tem acesso (NBR 10520, 2002, p. 1-2). Esse tipo de citação é utilizado quando você não tem o texto original em suas mãos, mas tem acesso a citações desse texto em outra obra, então a adiciona na bibliografia para designar sua origem. Assim, você menciona determinado autor por meio de uma referência a outro que você está consultando. Ou seja, você está lendo o "Paulo que cita o Pedro", por exemplo. Utiliza-se, neste caso, a expressão *apud*, que significa "citado por". Pedro, citado por Paulo: "Pedro *apud* Paulo".

O *apud* pode ser usado tanto nas citações longas quanto nas curtas. Todavia, não se deve usá-lo muito em trabalhos científicos, pois, nas bancas, normalmente é recomendado que você busque e use sempre as fontes originais. Exemplo:

Quadro 37 – *Apud* ou "citado por"

Segundo Nogueira e Borges (2023) *apud* Pereira (2020), é necessário que todas as escolas e todos os professores estejam atentos aos conceitos apresentados, mas não interpretados, que a BNCC traz durante a organização do currículo, do planejamento de formação continuada dos professores.

Fonte: Nogueira e Borges (2023).

Ademais, destaca-se a importância da publicação do artigo em um idioma diferente, o que aumenta as chances das colaborações e oportunidades de trabalho no futuro, uma vez que um número maior de estudantes, até de outros países, poderão acessar sua pesquisa e seus resultados. Todavia, nesse caso, é importante cuidar para que a tradução seja bem-feita.

Desafio: vamos fazer um exercício de citações? Isso vai nos ajudar a entender na prática os procedimentos que facilitam a escrita dos textos científicos:

Atividade 3 – Exercício de citações

Citação direta:

Citação indireta:
Citação de citação:
Citação longa, direta, com recuo:

6.3 A consideração do Comitê de Ética em Pesquisa (CEP)

Toda vez que um pesquisador realiza uma pesquisa empírica, que envolva o contato ou a manipulação com seres humanos, seja por meio de aplicação de entrevistas ou de questionários, é preciso entrar com um processo no CEP para obter autorização para a realização da pesquisa. Isso acontece quando são tomados todos os cuidados e providências necessárias para se garantir as questões éticas da investigação, evitando infringir os regulamentos e padrões éticos estabelecidos pelo CEP.

Para entender melhor sobre o CEP, buscamos informações em várias universidades que trazem em seus sites oficiais esclarecimentos sobre o tema.[3]

Os CEPs (Comitês de Ética em Pesquisa) são coordenados pela CONEP (Comissão Nacional de Ética em Pesquisa), que é uma das comissões do CNS (Conselho Nacional de Saúde).

O CEP, como um colegiado interdisciplinar e independente, tem relevância pública e caráter consultivo, deliberativo e educativo. Foi criado para defender os interesses dos participantes de uma pesquisa em sua integridade e dignidade, na busca por contribuir ao desenvolvimento da pesquisa nos padrões éticos (Capítulo VII.2 da Resolução nº 466/2012 do CNS). Trata-se da pesquisa que envolve seres humanos como participantes ou amostra, individual ou coletivamente, em sua totalidade ou parcialmente. Envolve o ser humano de forma direta ou indireta, incluindo o manejo de seus dados, informações ou materiais biológicos (Capítulo II.14 da Resolução nº 466/2012).[4]

Na área da educação, se dada pesquisa utiliza questionários ou roteiros como instrumentos para entrevistas,

---

3 Por exemplo: <https://sites.pucgoias.edu.br/puc/cep/apresentacao/#:~:text=O%20atual%20sistema%20possui%20como,direitos%20dos%20participantes%20de%20pesquisa>.

4 Disponível em: <https://conselho.saude.gov.br/resolucoes/2012/Reso466.pdf>.

pelas quais se coleta os dados das pessoas participantes, é comum que ela seja encaminhada para a avaliação e a aprovação do Comitê de Ética em Pesquisa. Quando uma pesquisa envolve pessoas, é preciso resguardá-las eticamente, evitando que elas sejam expostas ou prejudicadas por terem participado de ou colaborado com uma investigação.

Ademais, denomina-se Plataforma Brasil a base oficial de lançamento de pesquisas para a análise e o monitoramento do Sistema CEP/CONEP. Cada pesquisador, ao realizar seu cadastro na Plataforma Brasil, efetua a submissão de seu projeto ao CEP para assim se resguardar. É possível buscar informações na internet sobre esses procedimentos – realizados por intermédio de tal ambiente compartilhado, que atenua o tempo de trâmite dos projetos em todo o sistema (MINISTÉRIO DA DEFESA, 2022).[5]

A Plataforma Brasil informa que o sistema CEP/CONEP foi criado em 1996 com o objetivo de fazer a análise ética de projetos de pesquisa. Este processo é baseado em uma série de resoluções e normativas deliberados pelo CNS, que é vinculado ao Ministério da Saúde. Todos os CEPs fazem parte de tal sistema – um sistema integrado, como seu próprio nome indica, pela Comissão Nacional de Ética em Pesquisa (CONEP), e pelos Comitês de Ética em Pesquisa (CEPs). Esse sistema utiliza mecanismos, meios, ferramentas e instrumentos próprios de inter-relação num trabalho cooperativo, o qual visa a proteção dos participantes de

---

5 Para saber mais, ver: <https://www.gov.br/defesa/pt-br/assuntos/hfa/ensino-e-pesquisa/comite-de-etica-em-pesquisa-cep-hfa-1>.

pesquisas do Brasil, de forma coordenada e descentralizada. Assim, todas as pesquisas que envolvem seres humanos como participantes devem ser submetidas à apreciação do Sistema CEP/CONEP, que, ao analisar e emitir o seu parecer, torna-se corresponsável por garantir a proteção dos participantes da investigação científica (UFSB, 2023).[6]

O sistema atual conta como fundamentos: o controle social, exercido pela ligação com o CNS; a sua "capilaridade", na qual mais de 98% das análises e decisões ocorrem em nível local pelo trabalho dos CEPs; e o foco na segurança, na proteção e na garantia, com o intuito de resguardar os direitos dos participantes de pesquisas. Ademais, a maior parte dos processos relacionados à análise ética ocorre em um ambiente eletrônico, justamente a Plataforma Brasil.[7] Nesta, você encontra todas as resoluções normativas para a realização de uma pesquisa com seres humanos dentro dos cânones da ética. Você encontra, ainda, os manuais e guias de orientação para o processo completo de submissão do seu projeto de pesquisa ao CEP.

A Resolução CNS 466/2012 orienta como um estudo pode ser conduzido de forma ética, ou seja, com segurança e respeito total às pessoas participantes.[8]

---

6 Informações contidas no site: <https://ufsb.edu.br/cep/comite-de-etica-em-pesquisa/o-que-e-um-comite-de-etica-em-pesquisa-com-seres-humanos-cep>.

7 Para acessar a plataforma, ver: <https://plataformabrasil.saude.gov.br/login.jsf;jsessionid=A187B4BD0186F1B76A7FE33F20976956.server-plataformabrasil-srvjpdf131>.

8 Para saber mais, ver: <http://conselho.saude.gov.br/plataforma-brasil-conep?view=default>.

Primeiramente, o convite para participação da pesquisa deve ser feito junto a um pedido de autorização – encaminhado para a instituição à qual o sujeito participante está vinculado. Para facilitar, há modelos dessas cartas/convites na Plataforma Brasil.

O Termo de Consentimento Livre e Esclarecido (TCLE) é apresentado para a assinatura de quem aceita participar da pesquisa, concedendo entrevista ou respondendo ao questionário que lhe é apresentado. O modelo e as orientações de como aplicar tal questionário também se encontram na Plataforma Brasil.

As entrevistas concedidas devem ser gravadas e transcritas, e depois conferidas pelo próprio participante. Elas devem ser preservadas, após a conclusão da pesquisa, por pelo menos cinco anos. Da mesma forma, os questionários que são respondidos por escrito também devem ser preservados, guardados em arquivos seguros.

Depois de o projeto de pesquisa passar por avaliação no CEP, ele recebe o parecer de aprovado com um número de registro. Porém, se antes disso o projeto apresentar pontos fracos ou a falta de algum documento, o CEP se comunica com os pesquisadores (orientador e pós-graduando), solicitando ajustes.

Há revistas que exigem o número do protocolo do parecer do Comitê de Ética para publicar trabalhos que envolvam pessoas, as quais podem ser expostas na socialização das pesquisas. A intenção é não ferir os princípios éticos da pesquisa.

6.4 A relevância social das publicações

A socialização dos resultados das pesquisas científicas, seja pelas dissertações e teses inseridas nos repositórios de pesquisa das universidades, seja por meio de publicações de artigos e de dossiês nas revistas ou periódicos, tem um valor social muito significativo. É essa divulgação que valida os "achados" de uma investigação sistemática e fidedigna, aprovada pelos especialistas nas diferentes áreas do conhecimento – os doutores de diversos temas, presentes nas bancas, nos comitês científicos, nas comissões de avaliação etc. E se são descobertas científicas, com integridade e rigor, então vão certamente contribuir com o avanço da ciência, da educação, e das questões sociais e políticas, assim como com a cura de doenças, dentre outros ganhos.

Mediante a relevância social das publicações que anunciam resultados de pesquisa, é nosso dever agir com compromisso e responsabilidade ética. Enfim, o conhecimento anunciado deve sempre iluminar e conter relevância social.

7. INFORMAÇÕES IMPORTANTES SOBRE AS PUBLICAÇÕES CIENTÍFICAS

A história é escrita pelos vencedores.

George Orwell

O objetivo deste capítulo é nos atualizarmos sobre o uso das novas tecnologias, compreendendo o funcionamento da publicação de artigos científicos e do Comitê Editorial em relação a elas. E se você chegou até aqui nos processos de ler, estudar e aprender, considere-se um(a) vencedor(a)! Se ainda não o fez, já pode iniciar a escrita do seu artigo.

7.1 Os artigos impressos e digitais

Com o desenvolvimento da tecnologia, artigos estão sendo publicados cada vez mais de forma online. Ademais, a natureza e o planeta agradecem quando se evita a impressão volumosa de papel.

Os livros impressos, ainda que considerados mais práticos para a leitura, também estão cedendo lugar para o *electronic book (e-book)* ou livro digital. Trata-se do conteúdo digital de textos e/ou imagens (como fotos, tabelas e gráficos) apresentado no formato de um livro. Ou seja, é um "livro online".

Por conseguinte, a publicação digital é a maneira de publicar ou de disponibilizar um determinado conteúdo online (jornal, livro, documento, artigo etc.). Esse conceito vem sofrendo transformações junto ao desenvolvimento tecnológico de aparelhos eletrônicos, e em paralelo com um acesso à internet cada vez maior. Contudo, vale lembrar que ainda há exclusão digital em nosso país, e que se precisa de mais investimentos nessa área.

7.2 Os Conselhos Científicos e o Comitê Editorial

Entende-se por "Conselhos Científicos" os órgãos de apoio ao Conselho Diretivo – para aconselhamento estratégico e para recomendações sobre o desenvolvimento, a implementação e a modificação de programas de apoio à ciência e à tecnologia. Na pós-graduação, a este Conselho Diretivo compete coordenar, orientar e propor ações e projetos cujo objetivo é desenvolver, aperfeiçoar e fomentar a capacidade de investigação científica tanto docente quanto discente. Outro de seus objetivos é promover a integração entre graduação, pós-graduação e extensão na busca pelo desenvolvimento pleno das atividades de pesquisa, assim como promover a construção de novos conhecimentos junto à instituição (a universidade).

Por outro lado, o Comitê Editorial, ou Conselho Editorial, é um grupo de pessoas, composto por editores e escritores, encarregadas de avaliar, regulamentar e implementar a abordagem de uma publicação para editoriais e outros artigos de opinião. Os editoriais publicados normalmente representam as opiniões ou os objetivos do proprietário ou do editor da publicação. Comumente, ele tem uma função consultiva e pode ser chamado para dar um parecer sobre materiais submetidos para publicação, dar sugestões na linha editorial da revista, e sugerir números temáticos.

As boas editoras, bem como as revistas qualificadas (nacionais e estrangeiras), possuem um Comitê Editorial amplo e confiável, o qual avalia os textos pelo método duplo-cego antes de sua publicação.

7.3 A revisão de artigos já publicados – redimensionamento e republicação

Para conferir se o artigo está bem escrito, é preciso solicitar que outra pessoa realize uma leitura minuciosa dele, alguém fora do seu grupo de pesquisa, averiguando se, após a leitura, essa pessoa consegue entender todos os passos necessários para repetir os procedimentos explanados. Contudo, é sempre recomendado que se recorra aos serviços de edição e de revisão, para ter uma avaliação mais completa e técnica do trabalho. Sempre é válido solicitar uma revisão do texto para uma pessoa experiente e que é revisora.

Atualmente, é possível publicar um artigo socializando os resultados de sua pesquisa. E isso após avaliações e leituras críticas sérias, que podem apontar falhas e limitações. A partir daí, é possível que os autores se retratem por meio da revisão e da reformulação da publicação, com a reedição ou republicação do artigo, seguida de justificativas e até pedidos de desculpa.

Todavia, deve-se evitar que isso aconteça, pois é algo que sempre causa desgaste e aumento do trabalho. E a melhor forma de evitar é revisar bem os artigos – como já foi reafirmado neste texto –, passando pelo crivo de pesquisadores mais experientes e evitando improvisações e pressa na hora da publicação. Mesmo passando pela aprovação do comitê científico, o(a) autor(a), ou autores(as), sempre tem responsabilidade sobre o que escreve e publica.

> Por isso mesmo que existir é um conceito dinâmico. Implica numa dialogação eterna do homem com o homem. Do homem com o mundo. Do homem com o seu Criador. É essa dialogação do homem sobre o mundo e com o mundo mesmo, sobre os desafios e problemas, que o faz histórico (Freire, P., 1987, p. 59).

O ser humano como ser histórico, ser de diálogo, é algo que se faz e refaz. Nesse prisma, outra informação importante é que os resultados de publicações podem ser atualizados, revisados, corrigidos e republicados. Nas normas da ABNT há um subtópico 3.4 denominado "Artigo de revisão", o qual se refere à parte de uma publicação que resume, analisa e discute informações já publicadas (ABNT NBR 6022, 2018). Assim, o conhecimento científico também é dinâmico e aceita a atualização e o redimensionamento.

7.4 Inteligência artificial, consciência e habilidades cognitivas

Inicia-se esta última parte da presente obra com questionamentos. O que é a inteligência artificial? O que é o ChatGPT? Isso é bom ou ruim? A inteligência da máquina pode superar a dos humanos?

A discussão central nesse contexto são os agentes cognitivos artificias, chamados genericamente de IAs (inteligências artificiais), cada vez mais presentes em discursos e práticas educacionais no país. Sabe-se que a IA se manifesta de várias formas e por diversas modalidades de ferramentas. Dentre estas, pode-se citar o próprio Google e outros meios, como o ChatGPT, Word, Bing, ChatBot e WhatsApp Business. Todas essas ferramentas podem ser integradas e somar suas potencialidades.

A inteligência artificial GPT, cuja sigla em inglês é *Generative Pre-trained Transformer* ("transformador pré-treinado generativo"), foi criada em 2019 pela OpenAI. Essa ferramenta tem a capacidade de gerar respostas a partir de uma grande quantidade de dados pré-existentes, resolvendo muitos problemas.

Todavia, deve-se ter em mente que quem interpreta o que uma IA faz como tendo sentidos humanos somos nós – os próprios humanos –, seus interagentes conscientes, porque isso nos convém (Buzato, 2010). Então, a IA não tem consciência nem sentimentos ou emoções. Ela foi programada por humanos para que possa resolver nossos problemas de maneira menos pesada e mais prática.

Buzato também defende que não é o caso de demonizar ou de desmerecer nem de endeusar tais ferramentas, mas sim, em vez disso, é o caso de se aprender a conviver com elas e até de tirar o proveito possível desse convívio. Há vários aspectos positivos nelas dos quais pode-se tirar proveito. Afirma-se, ainda, que a Inteligência Artificial é uma área de investigação tecnocientífica, além de um artefato técnico proveitoso para as comunidades. Mas tampouco deve-se reforçar ou defender a dicotomia humano/não-humano, cujo arrebatamento seria a suspensão da base de qualquer crítica pós-humanista.

> A mesma relação de alteridade com um simulacro de consciência que encanta o jornalista possivelmente apavora professores e pais arraigados à mentalidade humanista radical, ou por temerem perder seus empregos, ou por tal relação tornar muito difícil saber o que foi ensinado/aprendido e o que foi gerado por modelagem não-consciente. Do outro lado da moeda, estudantes já começam a supor que é mais *smart* pedir que o ChatGPT faça a tarefa de casa do que "perder tempo" escrevendo ou desenhando sobre algo que pode ser requisitado da IA a qualquer momento (Buzato, 2023, p. 9).

O "pré-treinamento" do ChatGPT significa que o modelo de linguagem utilizado pelo seu programa já foi treinado com uma grande quantidade de dados de textos e de outros conteúdos. Por ter o seu sistema de aprendizado treinado com uma grande quantidade de dados prévios, o ChatGPT consegue entender mais a linguagem natural e produzir respostas corretas e contextualizadas para as perguntas dos usuários (Buzato, 2023). Então, um programa tem que ser alimentado pelos próprios humanos, inteligentes naturais.

Nesse sentido, quando você utiliza a ferramenta do ChatGPT, tal tecnologia já foi pré-treinada e está apta para compreender a linguagem natural, analisar o sentido das palavras e frases que se utiliza e criar respostas de acordo com o contexto da conversa. Dizendo de outra forma, o ChatGPT pode aprender e evoluir a partir das informações que recebe, tornando-se cada vez mais preciso e útil para as pessoas que o utilizam (Buzato, 2023). Mas acredita-se que é assim também que funciona a mente humana, a inteligência e o desenvolvimento de habilidades cognitivas.

Assevera-se que o ChatGPT pode ser usado para estabelecer uma conversa, responder perguntas sobre vários assuntos, informar conceitos, compor letras de músicas e poemas, criar e redigir textos, produzir gráficos, resolver cálculos e fornecer informações gerais. Então, ele pode ser útil para muitas coisas.

Por outro lado, sabe-se que também há ferramentas que denunciam ou detectam textos copiados ou plagiados, como o Plagium, CuboUP, Plag, dentre outros. Da mesma forma que as demais ferramentas, é preciso fazer bom uso delas.

Aqui defende-se a ideia de que não se pode abandonar a tarefa humana de sempre procurar desenvolver habilidades cognitivas, de procurar estímulos que possam multiplicar as sinapses e os neurônios cerebrais, desafiando o intelecto a desenvolver habilidades cognitivas, tornando-o cada vez mais inteligente e autônomo. Como exemplo, afirma-se que as capacidades de compreensão, análise, síntese, fazer resumo, argumentar, interpretar, comparar e resolver problemas podem ser aperfeiçoadas quando se permite que o cérebro humano, que é flexível, exercite-se no sentido de se desafiar para criar ou aperfeiçoar tais habilidades.

Acredita-se que o hábito de leitura, os desafios em resolver problemas complexos, a prática de atividades físicas, uma alimentação balanceada e uma vida saudável contribuam para o aumento das sinapses, criando mais conexões dentro do cérebro e ajudando na formação de células extras. Ademais, uma vida saudável e a conquista de uma boa saúde cardiovascular também significam que você transporta mais oxigênio e glicose para o cérebro, além de eliminar toxinas.

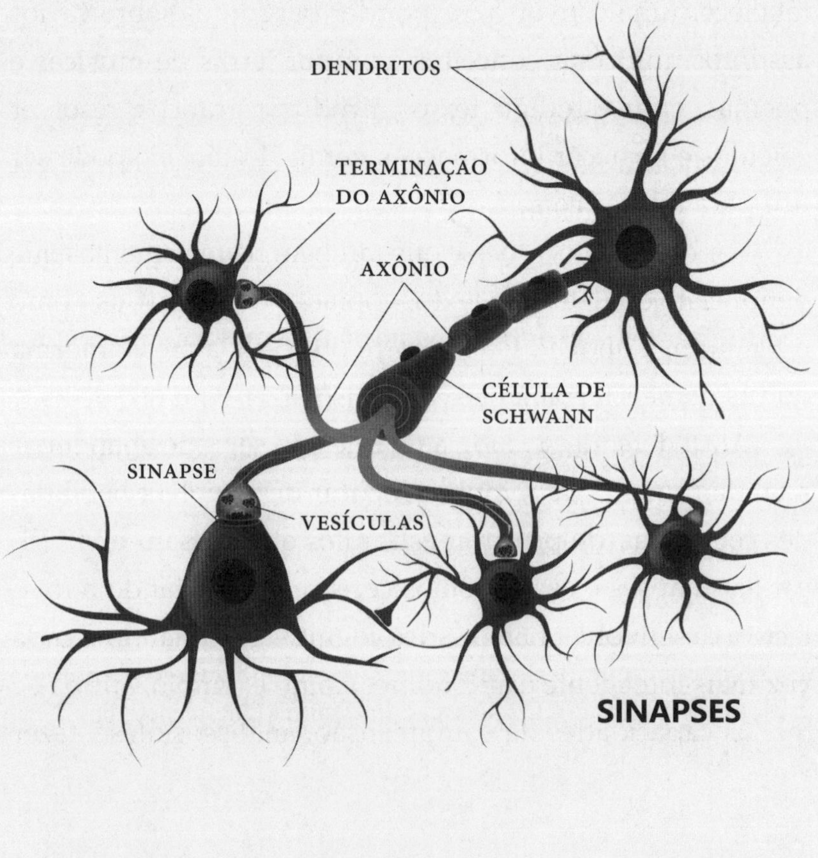

SINAPSES

Portanto, ao exercitarmos e desafiarmos o nosso cérebro, nós vamos construindo sinapses e dando qualidade às nossas habilidades cognitivas, como as capacidades de análise, de síntese, de compreensão, de argumentação e de explicação, dentre outras. Nessa perspectiva, o nosso maior desafio aqui é aprender a escrever. Vamos fazer isso lendo, consultando a ABNT, escrevendo e reescrevendo. Pois o "cientista não só tem que fazer ciência, mas também escrevê-la" (Day, 1990).

E agora, com a máxima de Sócrates, "Só sei que nada sei", continue a se desafiar. É hora do grande desafio: vamos escrever um artigo científico? Que tal começar com um "estado do conhecimento" sobre um tema na área de seus estudos e pesquisas? Pode ser Educação, Saúde, Psicologia, Exatas, Sociais, Biológicas, Geográficas... Mas antes disso, veja um modelo de artigo dentro dessa perspectiva, indicado na *Revista Educação em Questão* e intitulado "Estado do conhecimento: comunidades colaborativas de aprendizagem docente no período de 2016 a 2021".[1]

Atividade 4 – Orientações para a formatação do texto

Escolha o tema e o assunto. Delimite o tempo e o espaço. Escolha as fontes para a busca. Se você já definiu a sua ideia e tem claro os objetivos em mente, excelente. Do contrário, vou te indicar um caminho, de acordo com minha

---

1 VASCONCELOS, C.; XIMENES-ROCHA, S. "Estado do conhecimento: comunidades colaborativas de aprendizagem docente no período de 2016 a 2021". *Revista Educação em Questão*, 60 (66): 1-23, out./dez. 2022.

área de formação. Lembre-se de que você pode adequá-lo à sua própria área de formação. Vamos lá, coragem!

Quadro 38 – Orientações para a delimitação da escrita de um artigo científico

Produção de um artigo a partir de um "estado do conhecimento"		
01	Tema	Educação.
02	Assunto	A formação continuada de professores da Educação Infantil.
03	Objetivo	Analisar as contribuições das pesquisas realizadas nas universidades brasileiras, identificadas em dissertações e teses, sobre as experiências de formação continuada dos professores da Educação Infantil, no período 2018-2022.
04	Tempo e espaço	Busca por teses e dissertações na Biblioteca Digital Brasileira de *Teses e Dissertações* (BDTD), da Coordenação de Aperfeiçoamento de Pessoal de Nível Superior (CAPES).
05	Período	De 2018 a 2022 (cinco anos).
06	Palavras-chave	Formação continuada de professores; Educação Infantil; experiências de formação docente.
07	Metodologia	Pesquisa bibliográfica para a fundamentação teórica.
08	Referências	Levantamento de teses de outros autores para dialogar na construção da fundamentação teórica.

Os textos deverão ser digitados com fonte Times New Roman, justificado, tamanho 12 e com espaçamento 1,5 entre as linhas. Margens superior e esquerda 3 cm, e inferior e direita 2 cm, em folha tamanho A4. Os artigos deverão ter no mínimo 15 e no máximo 18 páginas de texto, incluindo as referências bibliográficas, notas e tabelas. Devem conter título em português, em inglês e em espanhol; resumo, *abstract* e *resumen*; palavras-chave em português, *keywords* em inglês e *palabras-clave* em espanhol. Os resumos devem conter no máximo 250 (duzentas e cinquenta) palavras e devem ser redigidos na língua original do artigo, em inglês e em espanhol. Abaixo dos resumos, indicam-se as palavras-chave, de três a cinco, separadas por ponto e vírgula.

Quadro 39 – Orientação para a atividade

Título: informa e condensa o conteúdo do artigo de modo preciso, sucinto e objetivo.
Resumo: objetivo; metodologia (tipo de pesquisa); principais autores; forma de levantamento das pesquisas; formas de análise (categorias); resultados. Traduzir em inglês e espanhol (máximo de 250 palavras).
Palavras-chave: separadas por ponto e vírgula. Traduzir em inglês e espanhol.
Desenvolvimento: introdução; metodologia; títulos e subtítulos na fundamentação teórica; discussão e análises; conclusões. Aqui pode usar gráficos, tabelas ou quadros para ilustração, sempre colocando a fonte.
Referências: colocar todas as fontes que foram citadas no texto de acordo com as normas da ABNT.

Destaca-se que a ABNT NBR 10719 denomina *referências* como um "conjunto padronizado de elementos descritivos, retirados de um documento, que permite sua identificação individual" (2015, p. 7). Por fim, as referências devem ser apresentadas conforme as orientações da ABNT NBR 6023, a qual traz os diversos modelos de apresentação delas (NBR 6022, p. 9).

Inicie o seu trabalho utilizando a página seguinte como um esboço:

PALAVRAS CONCLUSIVAS

Escrevo para que meus amigos me amem ainda mais.

Gabriel García Márquez

Após todo este processo de escrita – o qual necessitou de planejamento, pesquisa, leituras, reflexão, escolha, tomadas de decisão, zelo, dedicação, persistência, emoções e amor – conclui-se esta obra, mas não a sua discussão sobre a construção de um artigo científico. Confesso-lhes que nem eu mesma estou pronta ou sei tudo sobre a produção de artigos científicos. Por isso, vou continuar aprendendo. Que bom: na vida, deve-se aprender algo novo todos os dias!

Como vocês podem ver, são inúmeras as habilidades cognitivas construídas e são muitos os sentimentos vivenciados durante os processos de elaboração e de escrita de um artigo científico. O ser humano é dotado de razão e sentimento. Então, mesmo falando de ciência, há subjetividade nas escolhas, e estas têm que ser monitoradas.

Fiquei feliz com o trabalho realizado. Espero, sinceramente, que lhes seja útil e que lhes agregue conhecimentos no sentido de facilitar o desafio de escrever um artigo científico.

Não desanime, nunca! Coragem! Lembre-se de que você crescerá e aprenderá muito se enfrentar esse desafio.

Para que a vida tenha sentido, é preciso ter um projeto de vida, uma meta a alcançar. E assim você fará história e deixará um legado. *Es laetus*!

BIBLIOGRAFIA

AMARAL, E. *et al. Novas palavras 1: Língua Portuguesa* (Coleção Novas Palavras). 2. ed. São Paulo: Ed. FTD, 2005.

AQUINO, I. *Como escrever artigos científicos: sem arrodeio e sem medo da ABNT*. São Paulo: Saraiva, 2010.

ASSOCIAÇÃO BRASILEIRA DE NORMAS TÉCNICAS. *NBR 10520: informação e documentação: citações em documentos: apresentação*. Rio de Janeiro, 2002.

_______. *NBR 6028: informação e documentação: resumo: apresentação*. Rio de Janeiro, 2003.

_______. *NBR 14724: informação e documentação: trabalhos acadêmicos: apresentação*. Rio de Janeiro, 2011.

_______. *NBR 6024: informação e documentação: numeração progressiva das seções de um documento: apresentação*. Rio de Janeiro, 2012.

_______. *NBR 10719: informação e documentação: relatório técnico e/ou científico: apresentação*. Rio de Janeiro, 2015.

_______. *NBR 6022: informação e documentação: artigo em publicação periódica técnica e/ou científica: apresentação*. Rio de Janeiro, 2018.

_______. *NBR 6023: informação e documentação: referências: elaboração*. Rio de Janeiro, 2018.

_______. *NBR 6028: informação e documentação: resumo, resenha e recensão: apresentação*. Rio de Janeiro, 2021.

BARROS, A.; LEHFELD, N. *Fundamentos da Metodologia Científica*. 3. ed. São Paulo: Pearson Prentice Hall, 2007.

BORGES, M.; DALBERIO, O. "Aspectos metodológicos e filosóficos que orientam as pesquisas em educação". *Revista Iberoamericana de Educación*, 43 (5): 1-10, 2007.

BRANDÃO, M.; XIMENES, M.; TEIXEIRA, C.; VERAS, V. "Aplicativos para autogestão do diabetes tipo 1 em usuários de sistema de infusão contínua de insulina". *Revista Enfermería Actual en Costa Rica*, 44: 1-16, 2023.

BUZATO, M. "Can reading a robot derobotize a reader?". *Trabalhos em Linguística Aplicada*, 49 (2): 359–72, dez. 2010.

______. "Inteligência artificial, pós-humanismo e Educação: entre o simulacro e a assemblagem". *Dialogia*, 44: 1-11, jan./abr. 2023.

CAVERSAN, L. "Máximas sobre o ato de escrever". *Folha Online*, 2006. Disponível em: <https://www1.folha.uol.com.br/folha/pensata/luizcaversan/ult513u383438.shtml>.

DALBERIO, O.; DALBERIO, M. *Metodologia Científica: Desafios e Caminhos* (Coleção Educação Superior). São Paulo: Paulus, 2016.

DAY, R. "Como escribir y publicar trabajos científicos". *Boletín de la Oficina Sanitaria Panamericana*, 109 (3): 267-88, 1990.

FERREIRA, A.B.H. *Novo dicionário de Língua Portuguesa*. 2.ed. Rio de Janeiro: Nova Fronteira, 1986.

FREIRE, P. *Pedagogia da autonomia: saberes necessários à prática educativa*. 35. ed. São Paulo: Paz e Terra, 1996.

______. *Pedagogia da Esperança*. 11. ed. Rio de Janeiro: Paz e Terra, 1992.

______. *Educação como Prática de Liberdade*. Rio de Janeiro: Paz e Terra, 1987.

FREIRE, R. *Sem tesão não há solução*. São Paulo: Editora Fundação Peirópolis, 1987.

GADOTTI, M. *Perspectivas Atuais da Educação*. Porto Alegre: Artes Médicas Sul, 2000.

GIL, C. *Métodos e técnicas de pesquisa social*. 4. ed. São Paulo: Atlas, 1995/2002.

IBGE - Instituto Brasileiro de Geografia e Estatística. *Normas de apresentação tabular*. 3. ed. Rio de Janeiro: IBGE, 1993.

LA TAILLE, Y. *Moral e ética: dimensões intelectuais e afetivas*. Porto Alegre: Artmed, 2006.

MINISTÉRIO DA DEFESA. *Comitê de ética em pesquisa (CEP – HFA)*. Disponível em: <https://www.gov.br/defesa/pt-br/assuntos/hfa/ensino-e-pesquisa/comite-de-etica-em-pesquisa-cep-hfa-1>.

NOGUEIRA, A. *Políticas públicas de formação continuada de professores da Educação Básica: impactos no Ensino Fundamental I da Rede Municipal de Uberaba-MG*. Tese (Doutorado em Educação) – Universidade Federal de Uberlândia, Uberlândia, 2020.

NOGUEIRA, A.; BORGES, M. "Formação continuada de professores dos anos iniciais do Ensino Fundamental: desafios e enfrentamentos no atual governo". *Revista Educação, Cultura e Sociedade*, 12 (1): 96-106, 2022.

______. "A BNCC da educação infantil: implicações na formação continuada de professores". *Olhar de professor*, 26: 1-21, 2023.

PEREIRA, M. "Estrutura do Artigo Científico". *Epidemiologia e Serviços de Saúde*, 21 (2): 351-2, abr./jun. 2012.

______. *Artigos Científicos: como redigir, publicar e avaliar*. Rio de Janeiro: Editora Guanabara Koogan, 2011.

______. "A seção de método de um artigo científico". *Epidemiologia e Serviços de Saúde*, 22 (1): 183-4, jan./mar. 2013.

______. "A seção de resultados de um artigo científico". *Epidemiologia e Serviços de Saúde*, Brasília, 22 (2): 353-4, abr./jun. 2013.

PIMENTA, S. "Formação de professores: identidade e saberes da docência". *Nuances*, v. 3, p. 5-14, set. 1997.

PONTIFÍCIA UNIVERSIDADE CATÓLICA DE GOIÁS. *CEP - comitê de ética em pesquisa da PUC Goiás*. Disponível em: <https://sites.pucgoias.edu.br/puc/cep/apresentacao/#:~:text=O%20atual%20sistema%20possui%20como,direitos%20dos%20participantes%20de%20pesquisa>.

ROMANOWSKI, J.; ENS, R. "As pesquisas denominadas do tipo 'estado da arte' em educação". *Revista Diálogo Educacional*, 6 (19): 37-50, set./dez. 2006.

SEVERINO, A. *Metodologia do Trabalho Científico*. 22. ed. São Paulo: Cortez, 2002.

SILVA, E.; SILVA, M.; CUNHA, R.; BRITO, J. "O que é um 'bom' artigo científico? Concepções de estudantes do curso de Engenharia Elétrica". *Revista Brasileira de Estudos Pedagógicos*, 101 (259): 771-86, set./dez. 2020.

SPECTOR, N. *Manual para redação de teses, projetos de pesquisa e artigos científicos*. 2. ed. Rio de Janeiro: Guanabara Koogan, 2001.

TRIVIÑOS, A. *Introdução à pesquisa em Ciências Sociais: a pesquisa qualitativa em Educação*. São Paulo: Atlas, 1987.

UNIVERSIDADE FEDERAL DO SUL DA BAHIA (UFSB). *O que é um Comitê de Ética em Pesquisa com Seres Humanos – CEP?* Disponível em: <https://ufsb.edu.br/cep/comite-de-etica-em-pesquisa/o-que-e-um-comite-de-etica-em-pesquisa-com-seres-humanos-cep>.

VASCONCELOS, C.; XIMENES-ROCHA, S. "Estado do conhecimento: comunidades colaborativas de aprendizagem docente no período de 2016 a 2021". *Revista Educação em Questão*, 60 (66): 1-23, out./dez. 2022.

XIMENES, P.; MELO, G. "BNC – Formação de Professores: da completa subordinação das políticas educacionais à BNCC ao caminho da resistência propositiva". *Revista Brasileira de Estudos Pedagógicos*, 103 (265): 739-63, set./dez. 2022.

Ilustrações

Adobe Stock.

Esta obra foi composta em sistema CTcP
Capa: Supremo 250 g – Miolo: Pólen Natural 70 g
Impressão e acabamento
Gráfica e Editora Santuário